海南省自然科学基金高层次人才项目(723RC462)

海南大学2023年度校级研究生自编教材建设项目(HDZBJC2023Y0004)

JINGJI GUANLI YUCE
SHIYONG FANGFA

SANTI MOXING HE SANTI YUCE FA

经济管理预测
实用方法

——三体模型和三体预测法

楼润平 / 著

中国财经出版传媒集团

经济科学出版社

Economic Science Press

图书在版编目（CIP）数据

经济管理预测实用方法：三体模型和三体预测法/
楼润平著 . -- 北京：经济科学出版社，2023.4
ISBN 978 - 7 - 5218 - 4724 - 6

Ⅰ.①经…　Ⅱ.①楼…　Ⅲ.①经济预测 - 研究　Ⅳ.
①F201

中国国家版本馆 CIP 数据核字（2023）第 073249 号

责任编辑：李　雪　袁　澂
责任校对：李　建
责任印制：邱　天

经济管理预测实用方法：三体模型和三体预测法
楼润平　著
经济科学出版社出版、发行　新华书店经销
社址：北京市海淀区阜成路甲 28 号　邮编：100142
总编部电话：010 - 88191217　发行部电话：010 - 88191522
网址：www. esp. com. cn
电子邮箱：esp@ esp. com. cn
天猫网店：经济科学出版社旗舰店
网址：http：//jjkxcbs. tmall. com
北京时捷印刷有限公司印装
710 × 1000　16 开　13. 25 印张　164000 字
2023 年 7 月第 1 版　2023 年 7 月第 1 次印刷
ISBN 978 - 7 - 5218 - 4724 - 6　定价：68. 00 元
（图书出现印装问题，本社负责调换。电话：010 - 88191545）
（版权所有　侵权必究　打击盗版　举报热线：010 - 88191661
QQ：2242791300　营销中心电话：010 - 88191537
电子邮箱：dbts@ esp. com. cn）

前　言

　　预测是经济社会及各类组织需要经常面对的重要工作。中国古代的先贤先哲说过，"凡事预则立，不预则废"。对于各类组织而言，要做好计划，首先要做好预测工作。

　　本书根据笔者十多年的研究及实践，提出了一种泛化能力强健的时间序列预测模型，称为"三体模型"，并归纳一套面向三体模型的应用方法、程序和准则，称为"三体预测法"。三体模型和三体预测法能有效处理时间序列的趋势、波动和惯性这三种体征，能有效处理中小样本和大样本的数据预测，能有效处理多个场景的时间序列数据预测。研究和实践表明，三体模型泛化能力强健、预测性能优秀，三体预测法简洁实用，具有参考价值和实践意义。

　　为了检验三体模型和三体预测法的预测表现，本书通过 27 个时间序列案例进行了预测研究，详细展示了三体模型和三体预测法的应用过程。本书涉及的这 27 个案例，大多数为管理学期刊（如《管理评论》《系统工程理论与实践》《中国管理科学》）论文所使用的时间序列数据。为了便于读者学习及实操，本书附上了这 27 个案例的原始数据（读者可以跳到目录浏览这 27 个案例的基本概况）。

　　本书的读者对象为企业界人士、政府相关部门工作人员、经济学和管理学专业的本科生及研究生、各类组织的管理人员，以及对预测领域感兴趣的读者。本书通过第 4 章前三个例子，详细介绍操作过程，以便读者能熟练掌握三体模型和三体预测法。对于某些简单的时间序列预测，读者只需要具备 Excel 操作技能。对于某些稍微复杂的时间序列，读者需要具备 Excel 和统计软件（比如 Stata、SPSS）的基本操作技能，具备基本的统计学知识（比如了解 R^2 和 P 值的含义），那么就可以快速熟练掌握三体模型和三体预测法。

若读者不具备统计软件的基本操作技能，不具备基本的统计学知识，那也不必担心。本书会根据例子简要介绍 Stata 软件的基本操作（读者只需要学会 3 个命令：edit，tsset，regress），根据例子简要介绍 R^2 和 P 值的含义。如此读者就可以熟练应用三体模型和三体预测法做好预测研究，做出具有优秀预测性能的预测模型。为了便于读者练习操作，对于所有的例子，本书均附上了原始数据，以便读者使用。

若读者研读本书第 3 章时，感到有些内容难以理解，可以直接跳过，转到第 4 章先学习前面的三个案例。通过学习具体的案例操作，相信读者能够轻松学会三体模型和三体预测法，轻松学会使用 Stata 软件（本书附录 3 推了 Stata 教材和 Stata 软件下载链接）做出具有优秀预测性能的预测模型，能够领悟第 3 章关于三体模型和三体预测法的理论阐述。

希望能有更多读者学会本书的三体模型和三体预测法，希望读者能从本书获得一些新启发和新思考，希望本书能成为受到广大读者欢迎的参考书及工具书。

海南大学教授、研究生导师

目　　录

第 1 章

预 测 简 介

1.1 预测的定义

预测是对事物未来的发展状态进行评估及判断的过程。中国古代的先贤先哲说过，"凡事预则立，不预则废""运筹帷幄，决胜千里"。这些箴言说明，做好预测有利于准确把握事物未来的发展状态，对于"决胜千里"至关重要；而"运筹帷幄"则意味着需要做好预测工作。

预测是经济社会及各类组织需要经常面对的重要工作。对于各类组织而言，要做好计划，首先要做好预测工作。在组织具体的预测工作中，流量方面的预测很常见，如航空客运量、产品需求量、客流量、电力负荷、港口吞吐量、交通能耗量、航空燃油需求量、航材需求量、家用冰箱需求量等方面的预测。而收益方面和收入方面的预测，对组织而言也很常见，如国内生产总值（GDP）预测、家庭收入预测、家庭人均可支配收入预测、销售收入预测，诸如此类。

1.2 预测的类型

宋代大词人、大书法家苏轼有诗曰，"横看成岭侧成峰，远近高低各不同"。要深入认识某个事物，可以从多个视角着手。对于预测，我们可以从多个视角进行分类，以便能进一步认识它的特征和结构。本书聚焦经济和管理领域的预测问题，因此我们把预测简要分为三类：经济与管理预测，理工农医预测，其他领域预测。

1.2.1 经济与管理预测

本书中，经济与管理预测指经济领域和管理领域的预测，统称经济与管理预测。经济预测和管理预测经常密切联系在一起，因此把经济预测和管理预测合称经济管理预测。

经济领域的预测，是指对经济数据、经济问题和经济现象进行预测，如中国 GDP 月度数据预测、中国 GDP 季度数据预测、中国 GDP 年度数据预测、各省份和各地区的 GDP 月度（季度、年度）数据预测、一国的消费品零售总额预测、一国的出口额预测和进口额预测、一国或地区的出生人口预测、一国城镇家庭和农村家庭的人均 GDP 预测、某省港口的集装箱吞吐量预测、某省的机场客运量预测、某省的生活垃圾清运量预测，诸如此类。

管理领域的预测，是指组织（如政府、企业、医院、学校）对管理数据、管理问题和管理现象进行预测，包括组织对销售量、需求量、客运量、用户数量、消费量、客流量、出货量、货运量、吞吐量、电力负荷等进行预测。管理领域的预测问题，通常与经济领域的预测问题密切联系，因为从事经济预测是为了更好地制定有效的管理措施。

1.2.2　理工农医预测

理工农医预测，是指科学家和研究人员对理学、工学、农学和医学领域的问题、数据和现象进行预测，常见的例子有太阳黑子数预测、工业设备寿命预测、机械设备寿命预测、降水量预测、风速预测、天气预测、空气质量预测、农产品产量预测。经济与管理领域的某些预测方法，亦可应用于理工农医预测，如果预测者具备理工农医领域的专业知识，则能够做出更好的预测模型及预测效果。

1.2.3　其他领域预测

其他领域的预测，是指除经济管理和理工农医领域以外的其他领域的预测，包括军事领域、国防领域和外交领域有关问题、数据及现象的预测。常见的情形有某国（陆军、海军、空军、导弹部队）军事力量预测，某国海军吨位数预测，某国空军战斗机数量预测，某国外交经费预测，等等。

1.3　预测的方法

根据做预测时使用的方法以主观判断为主，还是以公式、模型和数据的计算结果为主，本书把预测方法分为定性预测方法、定量预测方法和集成预测方法。

1.3.1　定性预测方法

定性预测方法，是指预测者依据自身的经验和知识对事物未来的发展状况做出预测。预测者在使用定性预测方法时，主要以自身的知识和经验做出预测，但可以借助某些数据作为辅助，可以借助某些公式和模型的计算结果作为辅助。

在缺乏信息、数据和模型的情况下，从成本收益角度而言，采用定性预测方法，实属常见选择，通常能得到满意解。若预测者具备丰富实践经验，富有远见卓识，则使用定性预测方法做出战略研判，通常能收到奇效。

1.3.2　定量预测方法

定量预测方法，是指预测者依据公式、模型和数据的计算结果就事物未来的发展状况做出预测。使用定量预测方法做预测时，通常能得到精确的量化结果，从而排除主观因素的影响。在数字经济时代，许多组织产生了海量数据，数据变成了关键的生产要素，使定量预测方法日益重要。

1.3.3　集成预测方法

集成预测方法指把定性预测方法和定量预测方法综合运用起来进行预测的方法。我们认为，一个好的预测方法，应是把定性判断和定量预测综合运用起来的合成预测方法：首先，从定性视角鸟瞰数据的走势图，进而从高阶视角确定预测模型的结构；其次，从定量视角逐步探索预测模型的具体表达形式，直至最终确定预测模型的具体表达形式[①]。

本书基于多年研究及实践提出的"三体模型"，属于把定性预测方法和定量预测方法高度集成的一体化预测方法。在运用三体模型时，预测者首先需要做出被预测变量的时间序列走势图，其次主观判断及确定时间序列类别，由此就能从总体上判定"三体模型"需要哪几部分的预测变量构成。最后在确定三体模型具体表达形式所涉及的技术细节问题时，通过应用"三体预测法"和"三体模型的确定准则"，就可以水到渠成，做出具有优秀预测表现的预测模型。

1.4　预测的误差

无论预测模型多么优秀，预测值与真实值之间总会存在偏差。预测值偏离真实值（或实际值）的幅度，称为预测误差。衡量预测误差的公式有多个，常用的有下述三个。

（1）相对预测误差（relative prediction error，RPE）：

$$RPE_i = \frac{|真实值 - 预测值|}{真实值} \times 100\% = \frac{|R_i - F_i|}{R_i} \times 100\% \quad (1-1)$$

（2）平均相对预测误差（mean relative prediction error，MRPE）：

$$MRPE = \frac{\sum\limits_i^n RPE_i}{n} \quad (1-2)$$

[①]　本书在第 3.2 节三体预测法，把上述两大步骤细化为七个过程。

（3）根均方误差（root mean square error，RMSE）：

$$RMSE = \sqrt{\dfrac{\sum\limits_{i}^{n} (R_i - F_i)^2}{n}} \qquad (1-3)$$

其中，R_i 表示第 i 个真实值，F_i 表示第 i 个预测值，i 为标号（$i = 1, 2, \cdots, n$），n 为测试集（或训练集，或数据全集）的样本数。

在本书中，我们主要使用上述三个指标来评估预测模型的预测性能（预测表现，prediction performance，forecasting performance）。

1.5 训练集和测试集

一般而言，如果预测人员收集了一个数据集合，那么他会把该数据集分成两部分，其中一部分用于训练，另一部分用于预测。预测者用来预测模型训练的数据集，称为训练集。训练集主要用于训练（或学习），以期得出预测模型。预测者用来测试预测模型表现的另外一个数据集，称为测试集。测试集主要用于验证预测模型的预测性能（预测表现）。

举个例子：假设你收集了 100 个数据，你谋划使用前面 80 个数据做出一个预测模型，然后用后面 20 个数据来检验预测模型的预测表现。那么，前面的这 80 个数据，称为训练集；后面的那 20 个数据，称为测试集。

第 2 章

时间序列简介

2.1 时间序列的定义

时间序列（time series，TS）是指一个国家、地区、行业、部门、市场和组织的某个变量在各个时间点上按时间次序排列而形成的序列。举例来说，下述数据集合均属于时间序列：1980～2009 年中国猪肉量消费年度数据，2010 年 1 月～2016 年 12 月中国 GDP 月度数据，2010 年 1 季度～2022 年 1 季度中国 GDP 季度数据，1980～2014 年大连港和天津货物吞吐量年度数据。

在时间序列中，各个数据按照时间先后排序，这是时间序列的一个重要特点。时间序列的另外一个重要特点，就是时间序列的规模值（即数据总数）等于时间序列的长度值。

2.2 时间序列的特征

时间序列有诸多特征，若以获得优秀预测表现作为出发点，那么深入认识下述三个特征尤为重要：趋势，波动，惯性。

2.2.1 趋势

对于诸多时间序列而言，趋势特征是很常见的。趋势分为向上和向下两种情况，其中向上趋势尤为常见。在图 2-1 中，我们展示了一个具有典型趋势特征的例子：广州集装箱吞吐量月度数据走势。从图 2-1 可见，

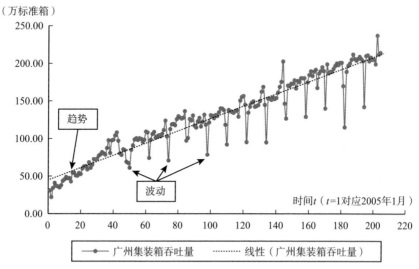

图 2-1　广州港集装箱月度吞吐量走势（2005 年 1 月~2021 年 12 月）

该时间序列总体趋势向上，而且大部分数据点靠近趋势线；这种情况表明，一个线性方程就能够解释该时间序列的大部分变化。

若一个时间序列展示出典型的趋势特征，那么应在预测模型中设置描述趋势效应的变量，以便有效捕捉时间序列的趋势特征，如此预测模型方能具备优秀的预测表现。

2.2.2　波动

本书中，我们把波动定义为数据偏离趋势线幅度较大。在图 2 - 1 中，广州集装箱吞吐量月度数据走势在个别月份偏离趋势线较远，波动幅度很大。

对于诸多时间序列而言，波动是很常见的。本书认为，时间序列的波动来源于下述几个方面。

（1）季节需求变化。有的行业具有明显的季节效应：旺季 vs 淡季，季节效应会导致时间序列展现出明显的季节波动特征。

（2）月份影响。例如"双 11""京东 618"、新品发布月（比如手机新品），对于某些时间序列而言，某些月份引发的波动幅度很大。

（3）年度重大事件影响。例如新冠疫情、重要法律法规颁布、重大政策实施、中美贸易冲突、重大自然灾害等，均可视为对正常情形的异常冲击，从而导致波动发生。

若一个时间序列展示出典型的波动特征，那么应在预测模型中设置描述波动效应的变量，以便有效捕捉时间序列的波动效应，如此预测模型方能具备优秀的预测表现。

2.2.3 惯性

在人类社会中，大多数事物总处于运动状态，而惯性是运动物体的一个典型特征，因此惯性常见于万事万物运动之中。而时间序列上的每个数据点，背后其实是事物运动所形成的轨迹记录。对于时间序列的惯性特征，本书从事物运动视角进行看待及处理。

时间序列的惯性特征比较复杂，它或体现在趋势效应当中，或体现在波动效应当中。有时候惯性会游离于上述两种效应之外，展示出独特性。在图 2-2 中，大连集装箱吞吐量月度数据向我们展示出了时间序列的两种典型特征：趋势（向上趋势，向下趋势），波动。除此之外，该时间序列其实还隐藏了第三种典型特征：惯性。

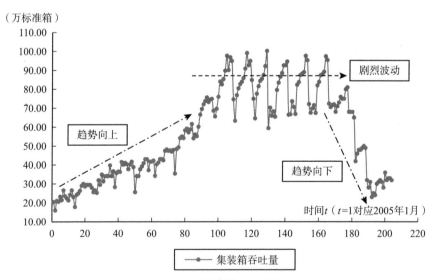

图 2-2　大连港集装箱月度吞吐量走势（2005 年 1 月 ~ 2021 年 12 月）

在图 2 - 2 中，两种相对的时间序列特征出现了：趋势向上，趋势向下。因此，在一个预测模型中，期望通过设置变量以同时捕捉两种矛盾对立的趋势特征，这是无法实现的。对于图 2 - 2 所示的时间序列，我们应在预测模型中设置描述惯性特征的变量，如此预测模型方能具备优秀的预测表现，并且足够简洁。

2.3 时间序列的类别

在时间序列中，趋势、波动和惯性这三种特征的组合叠加，构成了形式多样的时间序列类别。本书经过多年研究及实践，认为可以把诸多时间序列类别归纳为三种类别。为了便于加深记忆及理解，本书给这三种类别命名了形象名字：青云直上，一江春水向东流，形影不离。上述 3 个形象名字背后，其实蕴含了时间序列类别对应的预测模型的解决之道。

2.3.1 青云直上

图 2 - 3 展示了 2010 年 1 季度 ~ 2019 年 4 季度中国 GDP 季度数据走势，直观地看，该时间序列具有典型的特征：趋势向上。在该时间序列中，大多数的数据点靠近趋势线，波动幅度很小；这意味着一个线性趋势方程就能有效解释季度 GDP 的大部分变化。在图 2 - 3 中，线性趋势方程的 R^2 高达 0.9243，这意味着该线性趋势方程可以解释 GDP 季度数据 92.43% 的变化。

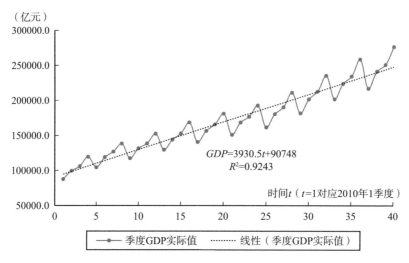

图 2-3 中国 GDP 季度数据走势（2010 年 1 季度~2019 年 4 季度）

因此，对于这种总体趋势特征显著的时间序列类别，本书称为"青云直上"。因为这种时间序列展示出典型的趋势特征，所以在确定预测模型时，一个以时间单位 t 为自变量的一元线性趋势方程，大概率会得到的 R^2 能达到或超过 0.9，从而在多数情况下可以满足实际的预测需要①。

2.3.2 一江春水向东流

图 2-4 再次展示了 2005 年 1 月~2021 年 12 月广州港集装箱吞吐量月度数据走势，仔细观察发现，该时间序列具有下列典型特征：趋势向上叠加波动。在该时间序列中，多数月份的数据点靠近趋势线，而个

---

① R 平方用来衡量预测模型的性能，比如 R 平方为 0.91，则意味着一个预测方程可以解释因变量 91%的变化。

别月份的数据点偏离趋势线较远，波动幅度较大。对于这种具有显著的趋势特征叠加波动特征的时间序列类别，本书将其命名为"一江春水向东流"：时间序列的走势图恰似一江春水向东流入大海，东流过程中江水会有曲折会有转弯。

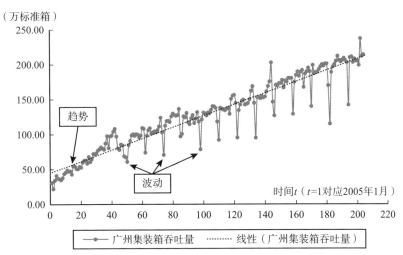

图 2 - 4　广州港集装箱月度吞吐量走势（2005 年 1 月～2021 年 12 月）

在"一江春水向东流"这种时间序列类别中，大部分数据点沿着趋势线上行，个别数据点偏离趋势线游走。因此在设计预测模型时，既要设置能够描述趋势特征的趋势变量，又要设置能够描述波动特征的波动变量；若预测模型的预测表现不达目标（用 R^2 衡量），还需要进一步设置描述惯性特征的变量。

2.3.3　形影不离

图 2 - 5 再次展示了 2005 年 1 月～2021 年 12 月大连港集装箱吞吐

量月度数据走势，从时间次序来看，该时间序列依次展示出了下列典型特征：趋势向上叠加波动→顶部剧烈波动→趋势向下叠加波动。

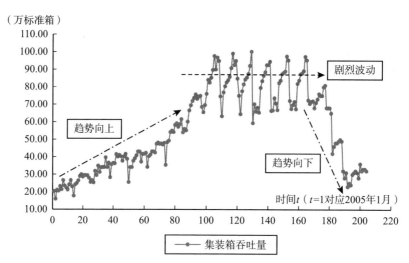

图 2 − 5　大连港集装箱月度吞吐量走势（2005 年 1 月 ~ 2021 年 12 月）

在图 2 − 5 中，一个时间序列同时出现了两种矛盾对立的特征：趋势向上叠加波动，趋势向下叠加波动。由此引发的问题是，如何在预测模型中设计变量来捕捉这种矛盾对立的特征？

中国有个成语，叫形影不离，即运动物体的影子紧密跟随它的形体。受此启发，如果我们把时间序列的任意一个数据视为运动事物的形体，那么可以通过形体的影子来密切跟随形体本身，从而获得优秀的预测表现。

对于时间序列上的任意一个数据，其形体可以定义为 y_t（$t = 1$，2，$\cdots$，n），那么形体 y_t 的影子就是它的滞后项：滞后一阶 y_{t-1}，滞后二阶 y_{t-2}，滞后三阶 y_{t-3}，等等。滞后项能够深刻描述时间序列的惯性特征。

对于图 2 - 5 这种时间序列类别，本书形象命名为"形影不离"。该成语蕴含了这种时间序列类别对应的预测方程的解决之道，便于读者加深记忆及理解。根据本书作者多年研究及实践，在大多数情况下，滞后项的数量达到 3 个时（从一阶到三阶），足以满足实践需要（R^2 可达到或超过 0.9）。

2.4　时间序列预测的模型及方法

时间作为一种数据，是特殊的存在。时间是一个特殊的变量，时间是不可逆的，不可交易的，不可存储的。时间是一个特殊的变量，它对所有人而言都是公平的，都是易得的（每个人、每个组织、每天都有 24 小时）。时间是一个特殊的变量，随着时间流逝，许多事物会发生变化，如技术进步、生产率增长、偏好改变、潮流更替。

时间序列常见于诸多场景。对组织而言，时间序列数据收集容易，获取成本低。因此，怎样利用时间序列数据做出精确的预测，受到广泛关注，相关的预测模型和方法百花齐放，百家争鸣。经简要归纳，包括下述模型及方法：移动平均（MA），自相关（AR），向量自回归（VAR），自相关集成移动平均（ARIMA），时变参数模型（TVP），向量误差修正模型（VEC），支持向量机（SVM），TVJMA[1]，TEI@I 方法论[2-4]，BP 神经网络[5]，奇异谱分析（SSA）[6]，ARIMA + VAR + VEC 集成预测[7]，logit 组合预测[8]，季节单整自回归移动平均模型（SARIMA）和 ARIMAX 模型[26]，M - STSM 方法[27]，SARIMA - SVR 方法[28]，EEMD - ARX 预测模型[29]，核极限学习机模型（kernel extreme learning machine，KELM）[30]，FMGM(1, N) 模型、NSGM(1, N) 模型和 GM(1，1) 模型[9]，GDGM(1，1) 模型[10]，DGM(1，1)、NDGM(1，1) 和 TDGM(1，1) 模型[11]。

宋等（Song et al.，2019）对 1968～2018 年期间发表的 211 篇预测论文进行了综述，把预测方法分为三类：时间序列模型、计量经济模型、人工智能（AI）模型，该文认为没有任何一种预测方法在所有场景中表现优异[31]。本书认同宋等（Song et al.，2019）的观点，即没有任何一种预测方法在所有场景中表现优异。

然而本书认为，人们应致力于探索一种预测模型及方法，它们在许多场景中表现优异，能满足实践需要。秉持上述理念，笔者经过多年探索及实践，提出了一种泛化能力强健的时间序列预测模型，本书称为"三体模型"；为了便于三体模型易学易用，本书总结了一套面向三体模型的应用程序、方法和准则，本书称为"三体预测法"。

第 3 章

三体模型和三体预测法

3.1 三体模型

本书提出的时间序列预测模型（以下简称"三体模型"）如式（3-1）所示：

$$y_t = \beta_0 + \beta_1 t + \sum_{i=1}^{m} \theta_i x_i + \sum_{j=1}^{3} \delta_j y_{t-j} + \varepsilon \qquad (3-1)$$

式（3-1）也可以写成如下式（3-2）：

$$y_t = \beta_0 + \beta_1 t + \sum_{i=1}^{m} \theta_i x_i + \delta_1 y_{t-1} + \delta_2 y_{t-2} + \delta_3 y_{t-3} + \varepsilon \qquad (3-2)$$

其中，ε 为误差项，β_0 为常数项，y_t 为因变量。t 为描述趋势的单位时间变量，t 的单位为月份，季节，年份，等等。t 的初值设为 1（对应时间序列训练集第一个样本数据），并按步长 1 依次递增。t 用于衡量时间序列的趋势效应。若时间序列不具备趋势效应，则 t 的斜率变为 0，时间序列围绕截距上下波动，式（3-1）仍然适用。

在式（3-1）和式（3-2）中，y_{t-1} 为滞后一阶因变量，y_{t-2} 为滞后二阶因变量，y_{t-3} 为滞后三阶因变量（即 y_{t-j}，$j=1$，2，3）。滞后一阶、二阶和三阶因变量主要用于描述时间序列的惯性运动。若初始预测模型考察了趋势和波动影响后，预测精确度仍然未达要求，则需逐步加入滞后因变量以考察惯性影响。就预测模型而言，需要在精确度与简洁性之间保持平衡。根据我们多年的研究及实践，用滞后三阶因变量来捕捉惯性特征，足以满足多数场景需要。

在式（3-1）和式（3-2）中，x_i 为自变量（解释变量），用于描述异常冲击；x_i 为 0~1 虚拟变量。本书认为，需求季节变化（比如淡季、旺季）、月份影响（比如"双 11"、"京东 618"、新品发布月）、年度大事件影响（比如新冠疫情、重要法律法规颁布、重大政策实施）等，均可视为对正常情形的异常冲击，导致波动发生。因此，x_i 可以衡量季节、月份、年度大事件冲击等异常影响。对于这种异常波动，三体模型中 x_i 能有效刻画这种冲击。

图 3-1 展示了三体模型的结构，有助于读者进一步理解三体模型。

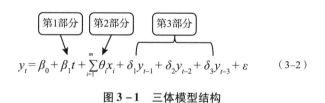

$$y_t = \beta_0 + \beta_1 t + \sum_{i=1}^{m} \theta_i x_i + \delta_1 y_{t-1} + \delta_2 y_{t-2} + \delta_3 y_{t-3} + \varepsilon \qquad (3-2)$$

图 3-1　三体模型结构

3.2　三体预测法

根据多年的研究及实践，本书归纳出面向三体模型的应用方法及程序（以下简称"三体预测法"），主要有下述七个步骤。

（1）根据原始数据的分布情况，在 Excel 表中确定最小的时间单位 t（如月、季、年），确定训练集的样本数量，而后把 t 的初值设为 1，并按步长 1 依次递增，从而完成自变量 t 的处理。

（2）在 Excel 或统计软件（如 Stata、SPSS）中，对于训练集或全样本数据集，以时间 t 为自变量，做出因变量随 t 变化的散点图或走势图；对于大样本的数据集，为了更好的可视化效果，可以考虑用平滑曲线连接全部数据点，以形成走势图，然后据此识别及判定时间序列类别。

（3）在 Excel 或统计软件中，做出该训练集的散点图或走势图。如果该时间序列类别具备趋势特征［否则转到步骤（4）］，则根据散点图做出趋势线；如果拟合曲线的 R 平方达到 0.9 或以上，那么可以据此认为，以 t 为自变量的一元线性回归方程符合实际需要；然后转到步骤（7），否则继续步骤（4）。

（4）在 Excel 或统计软件中构建虚拟变量（即 0~1 变量），用来衡量异常冲击，比如季节影响、月份影响、年度重大事件。

（5）在统计软件中，对自变量 t 和虚拟变量构成的多元变量组合进行回归，然后标记不显著的统计量。完成标记后，排除不显著的统计量，再进行多元回归，若此时 R 平方能达到或高于 0.9，便得到候选预测方程。

（6）若此时 R 平方仍小于 0.9，则需要在预测方程中加入因变量滞后项，并根据 R 平方的变化情况逐步增加滞后项进行回归，直至 R 平方达到 0.9（在某些场景中接近 0.9 也能满足需要）。

（7）针对候选预测方程，使用"模型最终确定准则"确定预测模型的最终形式。

本书基于三体模型归纳出上述七个步骤的操作方法和程序，称为"三体预测法"，可提炼为如图 3 - 2 所示的过程图[①]。

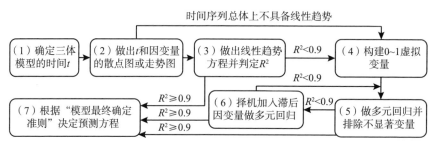

图 3 - 2　三体预测法的应用过程

3.3 ## 三体模型的确定准则

根据多年的研究及实践，本书总结了确定最终模型的三个准则。

（1）R 平方准则。候选预测方程的 R 平方足够高，一般而言，R 平方达到或超过 0.9（在某些场景中接近 90% 也可以接受），即预测方程能解释因变量 0.9 的变化；这意味着预测方程的精确度达到 0.9。据此可以初步认为，预测方程足够好，能满足实际需要。

（2）相对预测误差准则。用候选预测方程做出该时间序列训练集的所有预测值（比如用 Stata 软件的命令 predict），比较该训练集最近 3 期的预测值与真实值之间的相对预测误差。如果相对预测误差小（比

---

① 　对于使用训练集做出时间序列的散点图或走势图，还是使用全体数据（训练集 + 测试集）做出散点图或走势图，一般而言取决于样本容量规模。通常情况下，使用全体数据做出散点图或走势图，能更好地鸟瞰时间序列，进而更准确地判断时间序列类别，有助于更加快速准确地判定三体模型的构成。

如相对预测误差均在 10% 以内，个别误差处于 11% ~ 15% 亦可接受），那么可以进一步认定，这个预测方程的精确度足够高。

（3）简洁准则。判定候选预测方程足够简洁。从预测角度而言，简洁比复杂好。就实践而言，能使用简洁的预测方程，就不要使用复杂的。简洁的预测方程，意味着容易使用，意味着泛化能力强健。简洁的方法，意味着易学易用。在自然科学中，经典理论模型的公式表示，都具备简洁优美的特征，比如牛顿的力学方程 $F = ma$，爱因斯坦的质能方程 $E = mc^2$。在管理学中，经典理论模型的公式表达，也是简洁优美的，例如学习曲线模型 $y = kx^{-\alpha}$，经济订货批量（EOQ）。

如果候选预测方程满足上述三个准则，我们就可以确定预测模型的最终形式。

3.4　三体模型的应用场景

三体模型和三体预测法能有效处理时间序列的三种体征：趋势，波动，惯性。这意味着，如果时间序列具有趋势特征，那么三体模型是适用的；如果时间序列具有波动特征，那么三体模型是适用的。在现实中，时间序列往往表现出趋势、波动和惯性这三种特征的叠加效应。在现实中，某些大事件（比如新冠疫情、重要法律法规颁布、重大政策实施），季节变化（旺季、淡季），促销月（例如"双 11"、"京东 618"），往往导致时间序列的大幅波动。对于时间序列的三种特征叠加效应，三体模型具有强健的泛化能力，三体预测法能有效应对及处理。

伍德里奇（Wooldridge）认为，对于一个时间序列，如果包含的样本观察值大于 25 个，则属于大样本的时间序列。本书作者经过多年的研究及实践，发现三体模型能有效处理各类样本容量的数据：从小样本数据（比如样本只有八九个或十几个），到中等规模样本数据（比如十几～几十个），再到大规模样本数据（比如几十～几百个）。

三体模型主要面向因变量为流量数据的场景，即销售量、需求量、客运量、用户数量、消费量、客流量、出货量、货运量、港口吞吐量等流量场景。对于因变量为收入类型数据，比如国家 GDP、地区 GDP、城市家庭人均收入、农村家庭人均收入等场景，三体模型也适用，三体预测法也能有效处理。

第 4 章

实 例 演 示

    本章拟通过 21 个实例，详细演示三体模型和三体预测法的应用过程。对于前面几个实例，本书会详细介绍操作过程，以便读者能深入了解及掌握三体模型和三体预测法。三体模型泛化能力强健，三体预测法简洁实用，易学易用。因此，读者只要具备 Excel 和统计软件（比如 Stata、SPSS）的基本操作技能，具备基本的统计学知识（比如了解 R^2 和 P 值的含义），那么就可以快速熟练掌握三体模型和三体预测法。

    若读者不具备统计软件的基本操作技能，不具备基本的统计学知识，那也不必担心。本书会根据实例简要介绍 Stata 软件的基本操作（只需要掌握几个命令：edit，tsset，regress），根据实例简要介绍 R^2 和 P 值的含义。如此读者就可以熟练应用三体模型和三体预测法做好预测研究，做出具有优秀预测性能的预测模型。

    为了便于读者练习操作，对于所有的实例本书均附上了原始数据，以便读者使用。

4.1 1980～2009 年中国猪肉消费量预测

4.1.1 原始数据

郑莉等（2013）使用 ARIMA - VAR - VEC 集成预测对 1980～2009 年我国猪肉消费需求量进行了预测研究。本书使用的建模数据来自该文献[7]，具体如表 4 - 1 所示。

表 4 - 1　　　　　　　　1980～2009 年我国猪肉消费需求量　　　　　单位：万吨

年份	猪肉消费量	年份	猪肉消费量	年份	猪肉消费量
1980	1118.1	1990	2257.3	2000	3958.1
1981	1171.8	1991	2425.5	2001	4037.0
1982	1248.8	1992	2623.6	2002	4101.5
1983	1291.3	1993	2839.4	2003	4211.3
1984	1417.4	1994	3186.7	2004	4301.0
1985	1628.4	1995	3638.2	2005	4513.9
1986	1776.7	1996	3144.7	2006	4605.1
1987	1814.9	1997	3577.6	2007	4272.6
1988	2000.6	1998	3869.4	2008	4635.7
1989	2102.5	1999	3997.0	2009	4879.0

接下来我们详细介绍三体预测法的应用过程，从数据的处理过程开始介绍，而不是按照三体预测法的应用过程（即图 3 - 2）来展开介绍。

这么安排的原因在于，三体预测法的应用过程涉及专业统计软件的操作，而有些读者缺乏统计软件的基础操作知识①，因此本书将按照样本数据的处理过程逐步展开介绍三体预测法的具体应用过程。

在学习完成第 3 个实例后，我们相信读者就能运用 Stata 软件的相关命令来做出预测方程。因此，本书随后从第 4 个实例开始，将按照三体预测法的应用过程来演示三体模型的具体应用，以便使读者更好地理解及应用三体模型和三体预测法。

4.1.2 在 Excel 设置时间 t 及做出散点图

我们在此把表 4 – 1 的原始数据表，按照下列格式在 Excel 布置：1980 年对应时间单位 $t = 1$，依次类推，2009 年对应 $t = 30$。为了便于随后在统计软件 Stata 中完成系列操作，我们把"年份"命名为 $year$，把"猪肉消费量"命名为 $pork$，具体细节见表 4 – 2。

表 4 – 2　　　　　　　　原始数据的 Excel 布置及时间 t 设置

年份	时间单位	猪肉消费量（万吨）
year	*t*	*pork*
1980	1	1118.1
1981	2	1171.8
1982	3	1248.8
1983	4	1291.3
……	…	……
……	…	……

---

①　Excel 软件可以做回归分析，但其优势远不如专业统计软件。

续表

年份	时间单位	猪肉消费量（万吨）
2006	27	4605.1
2007	28	4272.6
2008	29	4635.7
2009	30	4879.0

在 Excel 中，按照下列步骤完成散点图的制作：点击菜单栏之插入→图表→XY 散点图，然后点击图表区域→单击鼠标右键→选择数据（E），于是出来图 4 - 1 所示的界面。

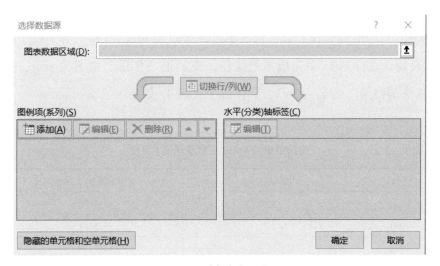

图 4 - 1　选择数据源界面

在图 4 - 1 中，点击"添加"，于是出来图 4 - 2 所示的界面。在图 4 - 2 中，依次输入"系列名称"，选择"X 轴序列值"和"Y 轴序列值"。"系列名称"的空白栏处输入"猪肉消费量"，"X 轴序列值"

的空白栏处从 $t=1$ 开始一直选到 $t=30$[①]。"Y 轴序列值"空白栏处的操作与"X 轴序列值"的操作相似。

图 4-2 编辑数据序列界面

单击"确定"后，就做出了关于猪肉消费量与时间 t 之间关系的散点图。而后继续单击图表区→点击右上角"➕"→单击方框选择"图例"和"坐标轴标题"。然后把横坐标的坐标轴标题命名为：时间 t（$t=1$ 对应 1980 年），把纵坐标的坐标轴标题命名为：猪肉消费量（万吨），并把文字排列设置为横向排列。

完成上述操作步骤后，我们便得到了图 4-3。从图中直观可见，该时间序列类别属于青云直上类别，这意味着一个一元线性方程就能有效解释猪肉消费量的大部分变化。

---

① 可以通过单击鼠标左键从 $t=1$ 一直拖到 $t=30$，也可以通过键盘"shift + ↓"从 $t=1$ 一直往下移到 $t=30$。

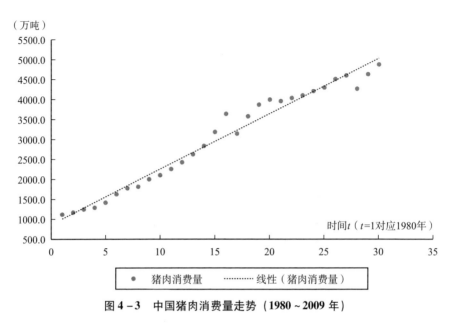

（万吨）

时间t（t=1对应1980年）

图4-3　中国猪肉消费量走势（1980~2009年）

4.1.3　从 Excel 数据到 Stata 数据：edit 命令

在 Excel 中，我们把表4-2从第2行开始的全部数据（一共31行
3列）选中，复制粘贴到 Stata 软件中。具体操作方式如下：（1）在 Ex-
cel 工作表中，从第2行开始选中（即从 *year*、*t*、*pork* 这行开始）合计
31行3列的全部数据→单击右键→单击"复制"。（2）在 Stata 软件的
命令行界面（Command）中，输入：edit，然后回车，如图4-4所示。
（3）进入了 Stata 的数据编辑界面后，单击第1行第1列的单元格→点
击右键→单击 Paste（如图4-5所示）→单击按钮 Variable names→单
击保存（save）图标，保存到读者指定的文件夹中。

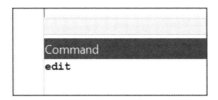

图 4 - 4 Stata 的 Command 界面

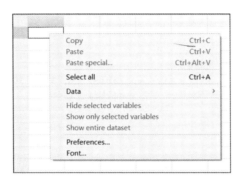

图 4 - 5 Stata 数据编辑界面的 Paste 选项

经过上述步骤操作，我们完成了从 Excel 数据（如图 4 - 6 所示），到 Stata 数据的操作。具体形式如图 4 - 7 所示，该图即为保存后的 Stata 数据界面。

year	t	pork
1980	1	1118.1
1981	2	1171.8
1982	3	1248.8
1983	4	1291.3
……	…	………
……	…	………
2006	27	4605.1
2007	28	4272.6
2008	29	4635.7
2009	30	4879.0

图 4 - 6 从 Excel 工作表复制的数据

File Edit View Data Tools

year[1]   1980

	year	t	pork
1	1980	1	1118.1
2	1981	2	1171.8
3	1982	3	1248.8
4	1983	4	1291.3
5	1984	5	1417.4
6	1985	6	1628.4

图 4 - 7 经保存后的 Stata 数据

4.1.4　时间序列设置的 Stata 命令：tsset

对于时间序列数据，我们需要在 Stata 中把它设置为时间序列。具体操作方式如下：在 Stata 的 Command 界面中，输入 tsset t。回车后，在 Stata 的显示界面会出现如图 4 – 8 所示的两行文字。

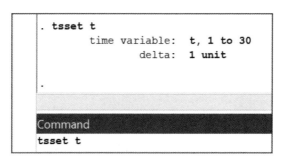

图 4 – 8　时间系列设置 Stata 命令界面效果

顺便指出，在 Stata 的 Command 界面中，输入命令：scatter pork t ‖ lfit pork t，可以一步生成关于 *pork* 和 *t* 之间线性关系的散点图。对多数读者而言，本书建议使用 Excel 软件作图，因为操作更容易，界面更友好。

4.1.5　时间序列回归的 Stata 命令：regress

前文提及，图 4 – 3 所示的时间序列走势属于青云直上类别。这表明，一元线性方程能够解释并预测猪肉消费量的大部分变化。

为了得到预测方程，我们使用 1980 ~ 2006 年中国猪肉消费量作为训练集（以训练出预测方程）。在该时间序列训练集中，*pork* 为因变量，*t* 为自变量，*t* = 1 对应 1980 年，*t* 按步长 1 依次递增，*t* = 27 对应

2006 年，所以共有 27 个样本观察值。

在 Stata 的 Command 界面中，输入命令：regress pork t in 1/27。

回车后，得到如图 4 – 9 所示的回归结果。

```
      Source |       SS           df       MS            Number of obs   =         27
-------------+----------------------------------         F(1, 25)        =    1214.72
       Model |  35427182.5          1   35427182.5        Prob > F        =     0.0000
    Residual |  729121.391         25   29164.8556        R-squared       =     0.9798
-------------+----------------------------------         Adj R-squared   =     0.9790
       Total |  36156303.9         26   1390627.07        Root MSE        =     170.78


        pork |      Coef.   Std. Err.      t    P>|t|     [95% Conf. Interval]
-------------+----------------------------------------------------------------
           t |   147.0657   4.219616    34.85   0.000     138.3752    155.7562
       _cons |   787.6656   67.60171    11.65   0.000     648.4372    926.8939
```

图 4 – 9 猪肉消费量训练集的回归结果（1980 ~ 2006 年）

注：这里直接截图展示统计软件的统计结果，采用"原汁原味"的表格，便于读者操作学习。

在图 4 – 9 中，有三个统计量的具体含义，读者需要理解并掌握。为了读者便于理解，本书尽力从通俗角度进行说明。

（1）R – squared。R – squared 翻译为 R 平方，即 R^2。R 平方用来衡量预测方程的预测能力（或解释能力）。R 平方越大，表明预测能力越强。在本例中，R 平方为 0.9798，表明该预测方程可以解释因变量（猪肉消费量）大约 97.98% 的变化。通俗而言，该预测方程总体上具有大约 98% 的预测精度。

（2）Adj R – squared。Adj 为单词 adjust 的缩写，Adj R – squared 可翻译为调整 R 平方，或 R 平方调整，或 R 平方调适。

理论上，一个预测方程中，自变量（或解释变量）越多，预测方程的预测能力（或解释能力）越强。然而，过多的自变量可能会互相干扰，造成负面影响，导致预测方程的预测能力降低，即导致 R 平方降低。因此，R 平方调整形象刻画了这种效应。

中国有句古语：过犹不及。那如何定量衡量过犹不及呢？R 平方调整可视为对预测方程中自变量冗余所造成负面影响的定量衡量。因此，我们在评估某个预测方程的预测能力时，既要考虑 R 平方，也要考虑 R 平方调整。

（3）P > |t|。P 为 Probability 的首字母，P 值即概率。一般而言，P 值要小于 0.1，即达到 10% 的显著水平，P 值才有意义。P 值越小，表明显著水平越高，则"越好"（P 值越小，说明犯第 I 类错误的概率越小。尽量避免第 I 类错误，属于人们的第一优先目标）。

举个例子。法官判案，应尽量避免冤枉好人，尽量避免表扬坏人。冤枉好人等同于第 I 类错误，表扬坏人等同于第 II 类错误。对于法官判案而言，避免第 I 类错误，即避免冤枉好人，属于第一优先目标。

在图 4-9 中，P 值刻画了自变量和常数项（_cons，constant 的缩写）的显著水平。在本例中，自变量和常数项的 P 值均为 0.000，小于 0.001，达到了 0.1% 的显著水平。这是很高的显著水平。

4.1.6 评估预测方程的预测性能

在图 4-9 中，Coef. 下方的数字表示自变量的回归系数[①]。因此，根据图 4-9 的回归结果，我们得到了猪肉消费量的预测方程：

$$pork = 147.066t + 787.666 \ (R^2 = 0.9798, \ N = 27) \qquad (4-1)$$

我们把 2007 年、2008 年和 2009 年的中国猪肉消费量作为测试集，t 分别取值 28、29 和 30，利用式（4-1）计算出预测值，结果如表 4-3

---

① Coef. 为 Coefficient 的缩写，Coefficient 的中文含义是系数。

所示。2007 ~ 2009 年的平均相对预测误差为 10.19%，考虑到预测方程
的简洁性，这个预测误差基本可以接受，预测表现基本令人满意。

表 4 - 3   2007 ~ 2009 年中国猪肉消费量预测值、实际值和预测误差

项目	2007 年	2008 年	2009 年
t	28	29	30
预测值（万吨）	4906	5053	5200
猪肉消费量实际值（万吨）	4272	4638	4870
相对预测误差（RPE）（%）	14.84	8.95	6.77
平均相对预测误差（MRPE）（%）		10.19	

具备 Stata 基础知识的读者，可以考虑使用 Stata 软件方便地得出预
测值，具体操作如下：（1）在 Stata 的 Command 界面中，输入命令：
regress pork t in 1/27；（2）接着在 Stata 的 Command 界面中，输入命令：
predict fv[①]。

4.2   2016 ~2019 年某鞋厂运动鞋季度销量预测

4.2.1   原始数据

本节实例的建模数据来源于参考文献［13］第 480 页例 3，原始数
据如表 4 - 4 所示。从表中，我们很难发现数据集的特点，更看不出其
走势变化。因此，我们需要把表 4 - 4 的数据集在 Excel 中重新布置。

---

①   fv 表示预测值，如果用变量名 pv 来表示预测值，则命令为：predict pv。

表 4 - 4　　　　　　　　 **2016～2019 年某鞋厂运动鞋季度销量**　　　　单位：万双

项目	2016 年				2017 年			
季度	1	2	3	4	1	2	3	4
销量	12.2	18.1	20.3	13.8	16.0	21.4	23.1	17.7
项目	2018 年				2019 年			
季度	1	2	3	4	1	2	3	4
销量	16.8	23.8	24.2	18.3	18.0	24.1	26.0	19.2

4.2.2　在 Excel 设置时间 t 及做出走势图

1）设置时间 t 及做出走势图

我们对表 4 - 4 的数据集在 Excel 中进行重新布置，具体格式如表 4 - 5 所示。我们在表中第（4）列设置了时间单位 t，其中 $t=1$ 对应 2016 年 1 季度，t 按步长 1 递增，$t=16$ 对应 2019 年 4 季度。

表 4 - 5　　　　　　　 **原始数据的 Excel 布置和时间 t 设置**

年份 （1）	季度 （2）	销量（万双） （3）	时间单位 t （4）
year	*q*	*sale*	*t*
2016	1	12.2	1
2016	2	18.1	2
2016	3	20.3	3
2016	4	13.8	4
2017	1	16.0	5
2017	2	21.4	6
2017	3	23.1	7
2017	4	17.7	8

年份 （1）	季度 （2）	销量（万双） （3）	时间单位 t （4）
2018	1	16.8	9
2018	2	23.8	10
2018	3	24.2	11
2018	4	18.3	12
2019	1	18.0	13
2019	2	24.1	14
2019	3	26.0	15
2019	4	19.2	16

根据表 4 – 5 的第（3）列和第（4）列数据，我们就可以做出关于销量和时间 t 之间关系的走势图，具体如图 4 – 10 所示。在该图中，运动鞋销量具有季节影响，而趋势线的 R 平方仅为 0.317，即一元线性回归方程只能解释销量 31.7% 的变化。因此，我们需要考察季节带来的异常冲击。

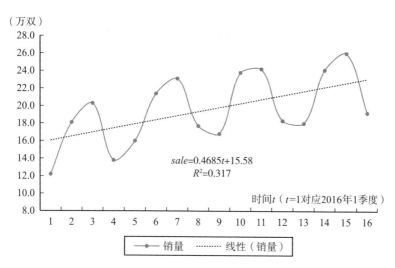

（万双）

$sale=0.4685t+15.58$
$R^2=0.317$

时间 t（$t=1$ 对应 2016 年 1 季度）

——— 销量 ‥‥‥‥ 线性（销量）

图 4 – 10 某鞋厂运动鞋季度销量走势（2016 年 1 季度~2019 年 4 季度）

从图 4 - 10 可见，运动鞋销量走势展示出了两种典型特征：趋势向上，季节波动。由此我们可以判定，该时间序列类别属于一江春水向东流。对于这种类别，我们在设计预测方程时，既要考虑描述趋势向上的变量，又要考虑描述季节波动的变量。

2）做出一元趋势方程的 Excel 操作

在 Excel 工作表中：（1）鼠标左键单击图表区；（2）鼠标左键单击序列上任一数据点。单击左键选中序列后，该序列上各个数据点的状态变化①如图 4 - 11 所示。

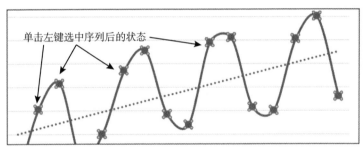

单击左键选中序列后的状态

图 4 - 11　单击鼠标左键选中序列后各个数据点的状态展示

完成步骤（1）、步骤（2）后：（3）用鼠标右键单击状态变化后的任何一个数据点（即任意一个像有四叶花瓣小花的数据点）；（4）随后在出现的下拉列表中用鼠标左键单击"添加趋势线（R）"，如图 4 - 12 所示；（5）在随后出现的"设置趋势线格式"中，如图 4 - 13 所示，先用鼠标左键单击白色圆圈单选框"线性（L）"，再用鼠标左键单击白色正方形复选框"显示公式（E）"和"显示 R 平方值（R）"。完

① 像一朵有四叶花瓣的小花。

成步骤（1）~（5）之后，我们就用 Excel 做出了如图 4-10 所示的一
元趋势方程。

图 4-12 "添加趋势线"下拉列表

图 4-13 "设置趋势线格式"对话框

4.2.3 设置季节虚拟变量

在表4-5的基础上，我们增加描述季节波动的虚拟变量，即0~1季节虚拟变量。具体格式见表4-6第（5）~（8）列。在表4-6的第（5）~（8）列中，我们构建了4列数据，设置了4个季节虚拟变量。而Stata统计软件在进行多元回归时，会因完全共线性自动去掉一个季节虚拟变量。本书如此这般设置4个季节虚拟变量，容易理解，操作简便。

表4-6　　原始数据的 Excel 布置、时间 t 设置和季节虚拟变量设置

年份 （1）	季度 （2）	销量（万双） （3）	时间单位 （4）	1季度 （5）	2季度 （6）	3季度 （7）	4季度 （8）
year	q	sale	t	q1	q2	q3	q4
2016	1	12.2	1	1	0	0	0
2016	2	18.1	2	0	1	0	0
2016	3	20.3	3	0	0	1	0
2016	4	13.8	4	0	0	0	1
2017	1	16.0	5	1	0	0	0
2017	2	21.4	6	0	1	0	0
2017	3	23.1	7	0	0	1	0
2017	4	17.7	8	0	0	0	1
2018	1	16.8	9	1	0	0	0
2018	2	23.8	10	0	1	0	0
2018	3	24.2	11	0	0	1	0

年份 （1）	季度 （2）	销量（万双） （3）	时间单位 （4）	1 季度 （5）	2 季度 （6）	3 季度 （7）	4 季度 （8）
2018	4	18.3	12	0	0	0	1
2019	1	18.0	13	1	0	0	0
2019	2	24.1	14	0	1	0	0
2019	3	26.0	15	0	0	1	0
2019	4	19.2	16	0	0	0	1

4.2.4 依据三体预测法构建预测模型

依据本书4.1节介绍的操作程序，我们把表4-6的数据从第2行以下全部复制到Stata软件；然后使用Stata软件的edit、保存及tsset命令，完成数据的编辑、保存及时间序列设置。

为了得到三体模型的具体表达式，我们使用2016年1季度~2018年4季度的数据集作为训练集（一共12个样本），而后使用2019年1季度~4季度的数据集作为测试集（一共4个样本）。针对训练集我们使用Stata软件，把 $sale$ 对 t 和 $q_1 \sim q_4$ 进行初步回归。

Stata软件的回归命令为：regress sale t q1 q2 q3 q4 in 1/12。

于是，我们得到图4-14。在图4-14中，我们重点关注2个统计量：R平方、P值。从中可见，R平方为0.9709，意味着该预测方程可以解释运动鞋销量大约97%的变化，满足实践需要。由此可见，我们添加了4个描述季节波动的季节变量后（实际上只需要3个，q_4 因为完全共线性被软件自动剔除），R平方由之前的0.317提高到了之后的

0.9709，这意味着该预测方程的预测能力比之前的一元线性方程提高了65.39%。

Source	SS	df	MS			
				Number of obs	=	12
				F(4, 7)	=	58.35
Model	159.23375	4	39.8084376	Prob > F	=	0.0000
Residual	4.7754181	7	.682202586	R-squared	=	0.9709
				Adj R-squared	=	0.9542
Total	164.009169	11	14.9099244	Root MSE	=	.82596

sale	Coef.	Std. Err.	t	P>|t|	[95% Conf. Interval]	
t	.584375	.0730048	8.00	0.000	.4117459	.757004
q1	.1531245	.7090621	0.22	0.835	-1.523541	1.82979
q2	5.66875	.6900149	8.22	0.000	4.037124	7.300376
q3	6.517708	.6783299	9.61	0.000	4.913713	8.121704
q4	0	(omitted)				
_cons	11.925	.7539908	15.82	0.000	10.1421	13.70791

图4-14　针对训练集的运动鞋销量回归结果

在图4-14中，自变量 q_1 的 P 值为 0.835，远远大于 0.1，远未达显著水平。依据三体预测法的应用过程，我们把自变量 q_1 剔除出预测方程，然后再次进行回归。

在 Stata 软件的 Command 界面键入回归命令：regress sale t q2 q3 in 1/12。

于是，我们得到图4-15。我们重点关注3个统计量：P 值、R 平方、R 平方调整，并把它们与图4-14的对应3个统计量进行比较。在图4-15中，这3个自变量的对应 P 值均为 0.000（小于 0.001），达到 0.1% 的显著水平，表明它们统计上很显著。

Source	SS	df	MS		Number of obs	=	12
					F(3, 8)	=	88.31
Model	159.201935	3	53.0673117		Prob > F	=	0.0000
Residual	4.80723327	8	.600904159		R-squared	=	0.9707
					Adj R-squared	=	0.9597
Total	164.009169	11	14.9099244		Root MSE	=	.77518

sale	Coef.	Std. Err.	t	P>|t|	[95% Conf. Interval]	
t	.5795053	.0651665	8.89	0.000	.4292311	.7297795
q2	5.589753	.5491027	10.18	0.000	4.323519	6.855986
q3	6.443581	.5491027	11.73	0.000	5.177348	7.709814
_cons	12.03322	.5287463	22.76	0.000	10.81392	13.25251

图 4 – 15　针对训练集运动鞋销量的最终回归结果

在图 4 – 15 中，R 平方为 0.9707，足以满足实践需要；并且，与图 4 – 14 对应的 R 平方 0.9709 相比，两者之间的差值近似为零。在图 4 – 15 中，R 平方调整这个值为 0.9597，而在图 4 – 14 中，R 平方调整这个值为 0.9542，前者略微大于后者 0.55%。在本例中，R 平方调整形象说明了"过犹不及"的含义：在一个预测模型中，若自变量冗余，会产生负面影响，造成预测力（或解释力）下降。

4.2.5　评估预测方程的预测性能

通过对图 4 – 15 中 R 平方、R 平方调整和 P 值的综合分析，我们得到了运动鞋季度销量预测方程：

$$sale = 0.58t + 5.59q_2 + 6.44q_3 + 12.03 \qquad (4-2)$$

式（4 – 2）是简洁的、优美的。根据上述预测方程，我们使用 2019 年 1 季度 ~4 季度的数据集作为测试集，得到对应的预测值，并根据实际值计算得出相对预测误差，如表 4 – 7 所示。

表 4 – 7　　2019 年 1～4 季度某鞋厂运动鞋销量预测值、实际值及预测误差

项目	1 季度	2 季度	3 季度	4 季度
预测值（万双）	19.57	25.74	27.17	21.31
运动鞋销量实际值（万双）	18.00	24.10	26.00	19.20
相对预测误差（RPE）（%）	8.70	6.79	4.50	10.97
平均相对预测误差（MRPE）（%）	7.74			

表 4 – 7 中，平均相对预测误差（MRPE）为 7.74%，这个误差可以接受。考虑到式（4 – 2）的简洁性，本书认为，总体而言，式（4 – 2）可以极大地满足实践需要，是一个很令人满意的预测方程。

4.3　中国家用冰箱市场季节需求量预测

4.3.1　原始数据

周宏和廖雪珍（2003）使用 logit 组合预测方法对 1997 年 1 季度～2001 年 1 季度中国家用冰箱市场需求量数据进行了预测研究[8]，本书使用的建模数据来自该文献，如表 4 – 8 所示。

表 4 – 8　　1997 年 1 季度～2001 年 1 季度中国市场冰箱需求量　　单位：万台

年份	1 季度	2 季度	3 季度	4 季度
1997	276	287	279	315
1998	330	347	336	354

年份	1 季度	2 季度	3 季度	4 季度
1999	363	368	361	372
2000	378	403	387	414
2001	424	—	—	—

从表 4 - 8 中，我们不容易看出数据的变化趋势。为此，我们需要把表 4 - 8 的数据在 Excel 中进行重新布置，将其转换为时间序列，并生成走势图。

4.3.2　在 Excel 设置时间 t 及做出走势图

我们对表 4 - 8 的初始数据在 Excel 中进行重新布置，具体格式如表 4 - 9 所示。我们在表中第（4）列设置了时间单位 t，其中 $t = 1$ 对应 1997 年 1 季度，t 按步长 1 递增，$t = 16$ 对应 2020 年 4 季度。

表 4 - 9　初始数据的 Excel 布置、时间 t 设置和季节虚拟变量设置

时间 （1）	年份 （2）	季度 （3）	时间 t （4）	需求量（万台） （5）	1 季度 （6）	2 季度 （7）	3 季度 （8）	4 季度 （9）
time	*year*	q	t	*demand*	*q*1	*q*2	*q*3	*q*4
199701	1997	1	1	276	1	0	0	0
199702	1997	2	2	287	0	1	0	0
199703	1997	3	3	279	0	0	1	0
199704	1997	4	4	315	0	0	0	1
199801	1998	1	5	330	1	0	0	0

续表

时间 （1）	年份 （2）	季度 （3）	时间 t （4）	需求量（万台） （5）	1 季度 （6）	2 季度 （7）	3 季度 （8）	4 季度 （9）
time	year	q	t	demand	q1	q2	q3	q4
199802	1998	2	6	347	0	1	0	0
199803	1998	3	7	336	0	0	1	0
199804	1998	4	8	354	0	0	0	1
199901	1999	1	9	363	1	0	0	0
199902	1999	2	10	368	0	1	0	0
199903	1999	3	11	361	0	0	1	0
199904	1999	4	12	372	0	0	0	1
200001	2000	1	13	378	1	0	0	0
200002	2000	2	14	403	0	1	0	0
200003	2000	3	15	387	0	0	1	0
200004	2000	4	16	414	0	0	0	1
200101	2001	1	17	424	1	0	0	0

根据表 4 - 9 的第（4）列和第（5）列数据，我们就可以做出关于冰箱需求量和时间 t 之间关系的走势图，具体如图 4 - 16 所示。从图中清晰可见，该时间序列类别属于青云直上。在该图中，一元线性回归方程的 R 平方高达 0.9262，即该回归方程能解释冰箱需求量大约 93% 的变化。因此，该预测方程是令人满意的，是满足实践需要的。

$$demand = 8.485t + 275.56 \ (R^2 = 0.9262,\ N = 16) \qquad (4-3)$$

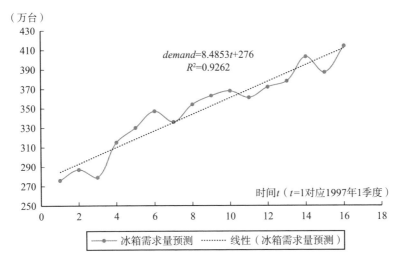

图 4-16 中国市场冰箱需求量季度走势（**1997 年 1 季度 ~ 2000 年 4 季度**）

4.3.3　设置季节虚拟变量

在冰箱市场中，市场需求具有一定的季节波动性。在图 4-16 中虽然季节效应不明显，但我们仍然可以尝试加入季节变量，尝试进一步改善预测方程的预测性能。

在表 4-9 中，我们添加描述季节波动的虚拟变量，即 0~1 季节虚拟变量。具体细节见表 4-9 第（6）~（9）列。在表 4-9 第（6）~（9）列中，我们构建了 4 列数据，设置了 4 个季节虚拟变量。而 Stata 统计软件在进行多元回归时，会因完全共线性自动去掉一个季节虚拟变量。

按照本章 4.1 节介绍的操作方法，把表 4-9 中 Excel 工作表的全部数据从第二行以下完全复制到 Stata 软件中，便得到表 4-10。为了便于读者理解，我们把表 4-10 列示出来。

表 4 – 10　　Stata 软件中冰箱需求量、时间 t 及季节虚拟变量设置

时间	年份	季度	时间 t	需求量（万台）	1 季度	2 季度	3 季度	4 季度
time	year	q	t	demand	q1	q2	q3	q4
199701	1997	1	1	276	1	0	0	0
199702	1997	2	2	287	0	1	0	0
199703	1997	3	3	279	0	0	1	0
199704	1997	4	4	315	0	0	0	1
199801	1998	1	5	330	1	0	0	0
199802	1998	2	6	347	0	1	0	0
199803	1998	3	7	336	0	0	1	0
199804	1998	4	8	354	0	0	0	1
199901	1999	1	9	363	1	0	0	0
199902	1999	2	10	368	0	1	0	0
199903	1999	3	11	361	0	0	1	0
199904	1999	4	12	372	0	0	0	1
200001	2000	1	13	378	1	0	0	0
200002	2000	2	14	403	0	1	0	0
200003	2000	3	15	387	0	0	1	0
200004	2000	4	16	414	0	0	0	1
200101	2001	1	17	424	1	0	0	0

4.3.4　依据三体预测法构建预测模型

为了得到三体模型的具体表达式，我们使用 1997 年 1 季度～2000 年 4 季度中国家用冰箱市场需求量作为训练集（一共 16 个样本）。针对

训练集我们使用 Stata 软件，把 *sale* 对 t 和 $q_1 \sim q_4$ 进行初步回归（$t = 1$ 对应 1997 年 1 季度，t 步长为 1，$t = 16$ 对应 2000 年 4 季度）。

Stata 软件的回归命令为：regress demand t q1 q2 q3 q4 in 1/16。

于是，我们得到图 4 – 17。在图 4 – 17 中，我们重点关注 2 个统计量：R 平方，P 值。从中可见，R 平方为 0.9564，意味着该预测方程可以解释冰箱需求量大约 96% 的变化，足以满足实践需要。由此可见，我们添加了 4 个描述季节波动的季节变量后（实际上只需要 3 个，q_4 因为完全共线性被软件自动剔除），R 平方由之前的 0.9262 提高到了之后的 0.9564，表明该预测方程的预测能力比之前的提高了 3%。

Source	SS	df	MS		Number of obs	=	16
					F(4, 11)	=	60.39
Model	25280.55	4	6320.1375		Prob > F	=	0.0000
Residual	1151.2	11	104.654545		R-squared	=	0.9564
					Adj R-squared	=	0.9406
Total	26431.75	15	1762.11667		Root MSE	=	10.23

demand	Coef.	Std. Err.	t	P>|t|	[95% Conf. Interval]	
t	8.575	.5718789	14.99	0.000	7.316303	9.833697
q1	-1.275	7.434425	-0.17	0.867	-17.63806	15.08806
q2	4.65	7.323623	0.63	0.538	-11.46919	20.76919
q3	-14.425	7.25633	-1.99	0.072	-30.39607	1.546074
q4	0	(omitted)				
_cons	278	7.67256	36.23	0.000	261.1128	294.8872

图 4 – 17　面向时间 t 和所有季节虚拟变量的回归结果

在图 4 – 17 中，自变量 q_1、q_2 的 P 值分别为 0.867、0.538，远远大于 0.1，远未达显著水平。依据三体预测法的应用过程，我们把自变量 q_1 和 q_2 剔除出预测方程，然后再次进行回归，进一步得到图 4 – 18。

Source	SS	df	MS	Number of obs	=	16
				F(2, 13)	=	133.29
Model	25202.7461	2	12601.373	Prob > F	=	0.0000
Residual	1229.00394	13	94.5387644	R-squared	=	0.9535
				Adj R-squared	=	0.9463
Total	26431.75	15	1762.11667	Root MSE	=	9.7231

demand	Coef.	Std. Err.	t	P>|t|	[95% Conf. Interval]	
t	8.576772	.5283464	16.23	0.000	7.435349	9.718195
q3	-15.55118	5.624677	-2.76	0.016	-27.70256	-3.399806
_cons	279.1102	5.22146	53.45	0.000	267.83	290.3905

图 4 - 18　冰箱需求量预测模型最终回归结果

在图 4 - 18 中，R 平方为 0. 9535，而在图 4 - 17 中 R 平方为 0. 9564，两者相差仅仅 0. 19% ；在图 4 - 18 中，R 平方调整为 0. 9463，而在图 4 - 17 中 R 平方调整为 0. 9406，两者相差 0. 6% 。因此，图 4 - 18 所展示的预测方程总体上是优于图 4 - 17 的。

根据图 4 - 18，我们得出最终的预测方程：

$$demand = 8.578t - 15.55q_3 + 279.11 \ (R^2 = 0.9535, \ N = 16) \quad (4 - 4)$$

其中，$t = 1$ 对应 1997 年 1 季度，t 步长为 1，$t = 16$ 对应 2000 年 4 季度，q_3 为各年的第 3 季度虚拟变量，q_3 取值为 0 或 1。式（4 - 4）是简洁优美的预测方程，R 平方高达 0. 9535，意味着该预测方程能解释因变量大约 95% 的变化，是令人满意的。

4.3.5　评估预测方程的预测性能

本例中，我们最终确定了 2 个合适的预测方程：

$$demand = 8.485t + 275.56 \ (R^2 = 0.9262, \ N = 16) \quad (4 - 3)$$

$$demand = 8.578t - 15.55q_3 + 279.11 \ (R^2 = 0.9535, \ N = 16) \quad (4 - 4)$$

我们利用式（4 - 3）预测 2001 年 1 季度中国家用冰箱市场需求量（$t = 17$），得预测值为 420，而真实需求量为 424，相对预测误差为 0.94%。

我们利用式（4 - 4）预测 2001 年 1 季度中国家用冰箱市场需求量（对于 2001 年 1 季度，$t = 17$，$q_3 = 0$），得预测值为 424.915，而真实需求量为 424，相对预测误差为 0.22%。

总体而言，上述预测误差均很小，预测方程表现优秀。

4.4 2020 年中国 5G 手机出货量预测

本书通过第 4.1 节 ~ 第 4.3 节的篇幅，详细演示了三体预测模型和三体预测法的应用过程。读者认真研读后，应能够熟练掌握三体模型和三体预测法。因此接下来，本书将从第 4.4 节开始，按照第 3 章第 3.2 节图 3 - 2 的"三体预测法的应用过程"来演示实例。

4.4.1　原始数据

2019 年是中国第五代移动通信技术（5G）元年，中国在 5G 时代实现了领先。在 5G 时代，智能手机制造商纷纷大力布局 5G 手机，积极抢占市场。表 4 - 11 展示了 2019 年 7 月 ~ 2020 年 2 月，中国 5G 手机出货量数据①。

---

① 2020 年 3 月，小米集团管培生进行网络面试，公司要求面试者在住处独立完成 2020 年中国 5G 手机出货量预测，即预测 2020 年 3 月 ~ 12 月的 5G 手机出货量。

表 4 – 11　　　2019 年 7 月～2020 年 2 月中国 5G 手机出货量　　　单位：万台

项目	2019 年	2019 年	2019 年	2019 年	2019 年	2019 年	2020 年	2020 年
月份	7	8	9	10	11	12	1	2
5G 手机出货量	7.1	21.9	49.7	249.4	507.4	541.4	546.5	238.0

从表 4 – 11 可见，5G 手机出货量快速增长，从 2019 年 7 月的 7.1 万台快速增长到 2019 年 12 月的 541.4 万台[①]。

4.4.2　依据三体预测法构建预测模型

本书按照三体预测法的应用过程进行预测模型的构建：第一步，确定时间单位 t，如表 4 – 12 第（4）列所示。第二步，做出关于 5G 手机出货量和时间 t 的散点图，如图 4 – 19 所示。图 4 – 19 中，全部 8 个手机出货量数据对应的一元线性趋势方程的 R 平方仅为 0.5485，远未达90%。仔细研究发现，2020 年 2 月中国市场 5G 手机出货量为 238 万台，相比 2020 年 1 月的 546.5 万台下降了大约 50%。

表 4 – 12　　原始数据的 Excel 布置、时间 t 设置和冲击虚拟变量设置

年份 (1)	月份 (2)	5G 手机出货量（万台）(3)	趋势 (4)	疫情冲击 (5)
year	month	mp5g	t	impact
2019	7	7.1	1	0
2019	8	21.9	2	0

① 小米集团只要能有效预测出 2020 年中国市场 5G 手机出货量，然后再确定小米手机的目标市场份额（比如 10% 或 20%），那么小米手机 2020 年 5G 出货量目标就可以确定了，于是相应的职能计划工作，例如人员招募计划、生产计划及费用、营销计划及费用等，就可以随之确定。

续表

年份 （1）	月份 （2）	5G 手机出货量（万台） （3）	趋势 （4）	疫情冲击 （5）
year	*month*	*mp5g*	*t*	*impact*
2019	9	49.7	3	0
2019	10	249.4	4	0
2019	11	507.4	5	0
2019	12	541.4	6	0
2020	1	546.5	7	0
2020	2	238.0	8	1

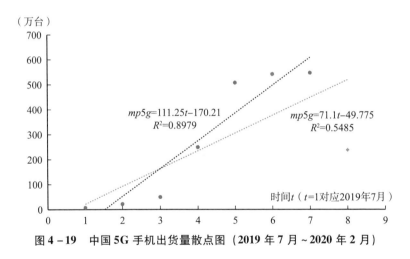

图 4-19　中国 5G 手机出货量散点图（2019 年 7 月~2020 年 2 月）

通过对智能手机市场的进一步研究，得知每年的 2 月份为中国的传统春节月，手机销量相对 1 月份会降低大约 50%；然而 2020 年 2 月份更为特别，因为新冠疫情的影响，2 月份全国经济停滞了，这种停滞还会延续到 3 月份和 4 月份，直至控制了新冠疫情，经济才能正常重启。

因此，可以确认，2 月份市场出货量受到了大事件冲击（疫情叠加春节）。第三步，图 4 – 19 对这种影响进行了可视化：在图 4 – 19 中，对除 2020 年 2 月份外的 7 个数据点做出趋势线，从中可见，R 平方高达 0.8979，四舍五入即为 90%。

综上分析，可以确认，2020 年 2 月 5G 手机出货量受到了异常冲击。我们按照三体预测法的应用过程进行第四步，构建虚拟变量 *impact*，以捕捉异常冲击的影响，具体见表 4 – 12 第（5）列。在第（5）列中，*impact* 取 0 表示正常月份，*impact* 取 1 表示受到异常冲击的月份。按照三体预测法进行第五步：以表 4 – 12 中第（3）列数据为因变量，对第（4）列和第（5）列，即 *t* 和 *impact*，进行多元线性回归，结果如图 4 – 20 所示。在图 4 – 20 中，R 平方为 0.8982，约为 90%；*t* 和 *impact* 对应的统计量均达到 1% 的显著水平。三体预测法应用过程的第五步和第六步就此完成。

Source	SS	df	MS			
				Number of obs	=	8
				F(2, 5)	=	22.05
Model	347704.631	2	173852.315	Prob > F	=	0.0033
Residual	39414.5747	5	7882.91495	R-squared	=	0.8982
				Adj R-squared	=	0.8575
Total	387119.206	7	55302.7436	Root MSE	=	88.786

mp5g	Coef.	Std. Err.	t	P>|t|	[95% Conf. Interval]	
t	111.2464	16.77894	6.63	0.001	68.1148	154.3781
impact	-481.7572	116.2479	-4.14	0.009	-780.5818	-182.9325
_cons	-170.2143	75.03768	-2.27	0.073	-363.1048	22.67621

图 4 – 20　中国市场 5G 手机出货量回归结果

按照三体预测法的应用过程进行第七步，即根据"模型最终确定准则"选择模型：（1）预测模型的 R 平方达到了 90%。（2）用候选预测方程做出该时间序列的所有拟合值，比较最近 3 期的拟合值与真实值之间的相对误差，具体如表 4 – 13 所示。在表 4 – 13 中，距离数据截止点最近 3 期的值分别为 541.4、546.5、238，预测值分别为 497、609、239，相对误差分别为 8.1%、11.5%、0.4%。这些误差基本可以接受。特别地，预测方程准确预测到了 2020 年 2 月份的异常值，误差仅为 0.4%。

（3）在图 4 – 20 中，预测方程足够简洁，因此符合准则，其表达式为：

$$mp5g = 111t - 481impact - 170 \quad (R^2 = 0.90，N = 8) \quad (4-5)$$

表 4 – 13 　　2019 年 12 月 ~ 2020 年 12 月中国 5G 手机出货量和预测值

项目	2019年	2020年	2020年	2020年	2020年	2020年	2020年	2020年	2020年	2020年	2020年	2020年	2020年
月份	12	1	2	3	4	5	6	7	8	9	10	11	12
t	6	7	8	9	10	11	12	13	14	15	16	17	18
$impact$	0	0	1	1	1	0	0	0	0	0	0	0	0
预测值（万台）	497	609	239	350	461	1054	1165	1276	1387	1499	1610	1721	1832
实际值（万台）	541.4	546.5	238	622	1638	1564	1751	1391	1617	1399	1676	2014	1820
相对误差（%）	8.2	11.4	0.4	43.7	71.9	32.6	33.5	8.3	14.2	7.2	3.9	14.6	0.7

4.4.3 评估预测方程的预测性能

通过运用式（4 – 5），本书对 2020 年 3 月 ~ 2020 年 12 月中国 5G 手机出货量进行预测，结果如表 4 – 13 所示。我们认为，2020 年 3 月和 4 月疫情大概率未得到控制，所以 $impact$ 均取值为 1，而 5 月份以后，疫情得到有效控制，经济社会活动恢复正常，因此 $impact$ 取值均为 0。

　　根据中国信息通信研究院和中商产业研究院发布的 2020 年中国市场 5G 手机出货量数据，我们在表 4 – 13 中比较了实际值与预测值之间的相对误差。在表 4 – 13 中，6 月的实际出货量与预测值之间的相对误差达到 33.5%，这很可能是因为 6 月份是京东 618 促销月引起的出货量较大增幅，而我们的预测方程中未能考察到 6 月份京东 618 促销引发的异常冲击。

　　在表 4 – 13 中，3 月和 4 月的出货量与预测值之间的相对误差分别为 43.7%、71.9%；很显然，这个误差很大，表明虽然我们的预测方程考察了疫情冲击，然而 3 月和 4 月的出货量激增，尤其是 4 月份暴增，难以被预测方程全面捕捉到。4 月份出货量暴增，从需求端来看属于报复性消费导致，从供给端来看手机厂商在 3 月和 4 月陆续推出了新机型；随着 5 月份经济活动的进一步常态化，出货量与预测值之间的相对误差从 4 月份的 71.9% 大幅度减少到了 33.5%。在表 4 – 13 中，9 月、10 月、12 月的出货量与预测值之间的相对误差，分别为 7.2%、3.9%、0.7%，这个结果是令人满意的。总体而言，式（4 – 5）作为预测方程很简洁，基本上能满足实践需要。

4.5　2010 ~2022 年中国 GDP 季度数据预测

4.5.1　原始数据

　　根据惯例，国家统计局每年 4 月、7 月、10 月和次年 1 月的中下旬公布当年各个季度的 GDP 季度数据。表 4 – 14 列出了 2010 年 1 季度 ~ 2022 年 1 季度中国 GDP 季度数据。

表 4 – 14　　　　2010 年 1 季度～2022 年 1 季度中国 GDP 季度数据　　　单位：亿元

年份	1 季度	2 季度	3 季度	4 季度
2010	87616.7	99532.4	106238.7	119642.5
2011	104641.3	119174.3	126981.6	138503.3
2012	117593.9	131682.5	138622.2	152468.9
2013	129747.0	143967.0	152905.3	168625.1
2014	140618.3	156461.3	165711.9	181182.5
2015	150986.7	168503.0	176710.4	192851.9
2016	161572.7	180743.7	190529.5	211281.3
2017	181867.7	201950.3	212789.3	235428.7
2018	202035.7	223962.2	234474.3	258808.9
2019	217168.3	241502.6	251046.3	276798.0
2020	205244.8	248347.7	264355.7	295618.8
2021	324237.4	289919.3	281528.0	247985.0
2022	270178.0	—	—	—

对于表中的初始数据，我们需要在 Excel 中完成格式化，形成时间序列，并把 Excel 中的中国季度 GDP 时间序列转换到 Stata 软件中，必要时还需要设置季节虚拟变量，以有效捕捉季节波动。

4.5.2　依据三体预测法构建预测模型

为了检验三体模型的泛化能力，我们应用三体模型及三体预测法对中国 GDP 季度数据进行预测研究[①]。本书使用的训练集为 2010 年 1 季

[①]　对于 GDP 季度数据的预测，可以在月度 GDP 数据预测方程的基础上，把相应月份的 GDP 月度预测值求和，便得到对应的季度 GDP 预测值。

度～2019 年 4 季度的 GDP 季度数据，共 40 个样本观察值。

按照三体预测法的应用程序，我们首先设置时间单位 t：$t = 1$ 对应 2010 年 1 季度，t 按步长 1 递增，$t = 40$ 对应 2019 年 4 季度。其次，做出关于季度 GDP 和时间 t 的走势图，如图 4 – 21 所示。最后，根据走势图得出趋势线方程，从图 4 – 21 可见，方程的 R^2 高达 0.9243，这意味着该线性方程可以解释 GDP 季度数据大约 92.43% 的变化。根据模型最终确定准则，R 平方达到 90%，符合决策准则；从实践而言，92.43% 的解释力足以满足现实需要。

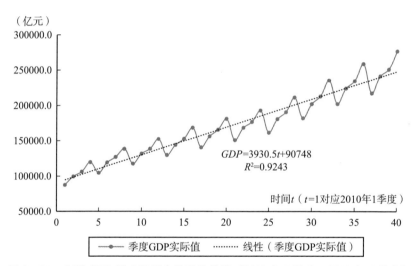

图 4 – 21 中国 GDP 季度数据走势及趋势线（2010 年 1 季度 ～ 2019 年 4 季度）

图 4 – 21 展示了中国 GDP 季度数据走势图及趋势线。从中可见，该时间序列属于青云直上。

由此，我们得到中国 GDP 季度数据的预测方程：

$$GDP = 3930.5t + 90748 \qquad (4-6)$$

预测方程（4 – 6）是简洁的、优美的。接下来本书使用该方程对

2020 年 1 季度～2022 年 1 季度的 GDP 进行预测，各个季度 GDP 的预测值见表 4 - 15 第（4）列，用于评估预测精确度的相对预测误差见表 4 - 15 第（5）列。从第（5）列可见，预测方程（4 - 6）的平均相对预测误差为 9.09%；在实际中，这个误差可接受，基本能满足预测需要。

表 4 - 15　　2020 年 1 季度～2022 年 1 季度中国 GDP 预测值与实际值比较

年份 （1）	季度 （2）	实际值 （亿元） （3）	预测值（亿元） ［预测方程 （4 - 6）］ （4）	相对预测 误差（%） ［预测方程 （4 - 6）］ （5）	预测值（亿元） ［预测方程 （4 - 7）］ （6）	相对预测误差（%） ［预测方程（4 - 7）］ （7）
2020	1	205244.8	251898.1	22.73	233729.0	13.88
2020	2	248347.7	255828.6	3.01	251092.1	1.11
2020	3	264355.7	259759.1	1.74	259945.1	1.67
2020	4	295618.8	263689.6	10.80	277903.3	5.99
2021	1	324237.4	267620.0	17.46	249064.3	23.18
2021	2	289919.3	271550.5	6.34	266427.4	8.10
2021	3	281528.0	275481.0	2.15	275280.4	2.22
2021	4	247985.0	279411.5	12.67	293238.6	18.25
2022	1	270178.0	283342.0	4.87	264399.6	2.14
2022	2	—	287272.4	平均相对预测 误差9.09	281762.7	平均相对预测 误差8.50
2022	3	—	291202.9		290615.7	
2022	4	—	295133.4		308573.8	

在表 4 - 15 第（5）列中，2020 年第一季度的预测误差较大，为 22.73%；其主要原因在于，2020 年 1 季度新冠疫情严峻，对经济社会造成了重大负面影响。2021 年第一季度的预测误差较大，为 17.46%。其主要原因在于，得益于有效的疫情控制，2020 年中国经济增长率先

实现了 V 型反弹，成为全球主要经济体中唯一正增长的国家；2021 年一季度中国的 GDP 增速更是高达 18.3%，因而导致预测值与实际值之间的相对误差较大。

在表 4-15 第（5）列中，2020 年 2 季度和 3 季度，预测精度很高，预测误差很小，误差分别为 3.01% 和 1.74%。2021 年 2 季度和 3 季度，预测精度较高，预测误差较小，误差分别为 6.34% 和 2.15%。2022 年 1 季度，预测精度较高，预测误差较小，误差只有 4.87%。总体而言，预测方程（4-6）的平均相对预测误差只有 9.09%，预测表现优秀。

对于预测方程（4-6），我们仍然可以根据三体预测法进一步提高其预测性能。具体操作如下：首先，设置 1 季度 ~4 季度虚拟变量，分别用 q_1、q_2、q_3、q_4 表示。其次，把 GDP 对 t 和 $q_1 \sim q_4$ 进行初步回归，得到结果如表 4-16 所示。

表 4-16　2010 年 1 季度 ~2021 年 1 季度中国 GDP 季度数据回归结果（$N=40$）

变量说明	变量	回归系数	标准误	t 值	P 值（$p>|t|$）
趋势	t	3833.83	84.67	45.28	0.000
1 季度	q_1	—	—	—	—
2 季度	q_2	13529.27	2752.61	4.92	0.000
3 季度	q_3	18548.47	2756.51	6.73	0.000
4 季度	q_4	32672.81	2763.01	11.83	0.000
常数项	*constant*	76542.16	2524.40	30.32	0.000
R^2		0.9851			

Stata 软件 Command 界面的回归命令为：regress GDP t q1 q2 q3 q4 in 1/40。

从表 4 – 16 可知：（1）R 平方为 0.9851，比 0.9243 提高了 6.08%，即本回归方程的预测性能比之前的提高了 6.08%；（2）自变量在统计上很显著（表 4 – 16 的 P 值）。由此我们可以确定，改进后的预测方程可以满足实际需要，虽然预测方程复杂了些许，但是 R 平方提高了 6.08%。改进后的预测方程，其表达式为：

$$GDP = 3833.83t + 13529.27q_2 + 18548.47q_3 + 32672.81q_4 + 76542.16$$

$$(4-7)$$

4.5.3 评估预测方程的预测性能

我们用预测方程（4 – 7）对 2020 年 1 季度~2022 年 1 季度的 GDP 进行预测，得到 9 个预测值如表 4 – 15 第（6）列所示，与之对应的预测误差如表 4 – 15 第（7）列所示。在表 4 – 15 第（7）列中，预测方程（4 – 7）的平均相对预测误差为 8.50%，而预测方程（4 – 6）的平均相对预测误差为 9.09%，两者差别很微小。

预测方程（4 – 6）的表达式更简洁，R 平方高达 0.92，是令人满意的预测方程。运用预测方程（4 – 6）去预测 2022 年 2~4 季度的 GDP，分别为 28.73 万亿元、29.12 万亿元、29.51 万亿元，如表 4 – 15 第（4）列所示。预测方程（4 – 7）的表达式虽然复杂些，但 R 平方高些，因而也是令人满意的预测方程。运用预测方程（4 – 7）去预测 2022 年 2~4 季度的 GDP，分别为 28.18 万亿元、29.06 万亿元、30.86 万亿元，如表 4 – 15 第（6）列所示。

4.6 2010～2016 年中国 GDP 月度数据预测

4.6.1 原始数据

表 4 - 17 列出了 2010 年 1 月～2016 年 12 月的中国 GDP 月度数据，总共 84 个样本观察值。

表 4 - 17　　　　2010 年 1 月～2016 年 12 月中国 GDP 月度数据　　单位：亿元

月份	2010 年	2011 年	2012 年	2013 年	2014 年	2015 年	2016 年
1	32003.72	37291.09	36656.40	48321.14	48474.51	56860.28	59146.82
2	24581.09	30069.97	38970.53	36075.22	42172.72	42073.73	45536.61
3	31031.89	37280.24	41966.97	45350.64	49971.08	52052.69	56889.28
4	32500.49	38718.86	42445.04	46782.27	50537.37	54284.37	58054.46
5	33324.22	39716.19	44209.12	47947.97	52112.40	56151.53	60107.32
6	33707.69	40739.25	45028.34	49236.76	53811.53	58067.10	62581.92
7	36407.26	43802.79	48203.68	52193.86	57488.79	60429.64	65284.37
8	37142.91	43743.19	47558.21	53806.59	56680.93	61503.86	66557.75
9	32688.52	39435.62	42860.31	46904.85	51542.18	54776.89	58687.38
10	38613.52	44177.18	47610.29	52807.13	55678.83	61123.81	67393.60
11	39297.60	44625.65	49292.11	54133.60	57208.23	63386.10	69899.02
12	41731.38	49700.47	55566.50	61684.37	68295.44	68341.98	73988.68

对于表中的初始数据，我们需要在 Excel 中完成格式化，形成时间序列，并把 Excel 中的中国月度 GDP 时间序列转换到 Stata 软件中，必要时还要设置月份虚拟变量，以有效捕捉月份波动。

4.6.2 设置月份虚拟变量

表 4 – 18 展示了在 Excel 工作表中，2010 年 1～12 月中国 GDP 月度
数据的时间 t 设置和月份虚拟变量设置。由于篇幅所限，我们只展示了
一个月，其余月份的设置类似。对照本章第 4.1 节的操作步骤，把 Ex-
cel 工作表的内容复制到 Stata 中，就完成了从 Excel 数据到 Stata 数据的
操作。在表 4 – 18 中，m_1～m_{12} 分别表示 1～12 月。

表 4 – 18 中国月度 GDP 序列的时间 t 设置和月份虚拟变量设置

时间	GDP（亿元）	年份	时间 t	1 月	2 月	3 月	4 月	5 月	6 月	7 月	8 月	9 月	10 月	11 月	12 月
time	GDP	year	t	m_1	m_2	m_3	m_4	m_5	m_6	m_7	m_8	m_9	m_{10}	m_{11}	m_{12}
2010 年 1 月	32003.72	2010	1	1	0	0	0	0	0	0	0	0	0	0	0
2010 年 2 月	24581.09	2010	2	0	1	0	0	0	0	0	0	0	0	0	0
2010 年 3 月	31031.89	2010	3	0	0	1	0	0	0	0	0	0	0	0	0
2010 年 4 月	32500.49	2010	4	0	0	0	1	0	0	0	0	0	0	0	0
2010 年 5 月	33324.22	2010	5	0	0	0	0	1	0	0	0	0	0	0	0
2010 年 6 月	33707.69	2010	6	0	0	0	0	0	1	0	0	0	0	0	0
2010 年 7 月	36407.26	2010	7	0	0	0	0	0	0	1	0	0	0	0	0
2010 年 8 月	37142.91	2010	8	0	0	0	0	0	0	0	1	0	0	0	0
2010 年 9 月	32688.52	2010	9	0	0	0	0	0	0	0	0	1	0	0	0
2010 年 10 月	38613.52	2010	10	0	0	0	0	0	0	0	0	0	1	0	0
2010 年 11 月	39297.60	2010	11	0	0	0	0	0	0	0	0	0	0	1	0
2010 年 12 月	41731.38	2010	12	0	0	0	0	0	0	0	0	0	0	0	1

4.6.3 依据三体预测法构建预测模型

本书使用 2010 年 1 月～2015 年 12 月的中国 GDP 月度数据作为训

练集，共含有 72 个样本。为了便于与文 ［9］提及的 FMGM（1，N）模型、NSGM（1，N）模型、GM（1，1）模型、ARIMA 模型、SVM 模型、LSTM 模型等进行比较，本书使用与文献 ［9］同样的训练集。

按照三体预测法的应用过程，我们首先设置时间单位 t（$t = 1$ 对应 2010 年 1 月，t 按步长 1 递增，$t = 72$ 对应 2015 年 12 月），而后做出关于中国月度 GDP 和时间 t 的走势图，如图 4 - 22 所示。从图 4 - 22 可见，中国 GDP 月度数据走势总体趋势向上；由此我们得出趋势线的一元线性回归方程，如图 4 - 22 中右下角所示。

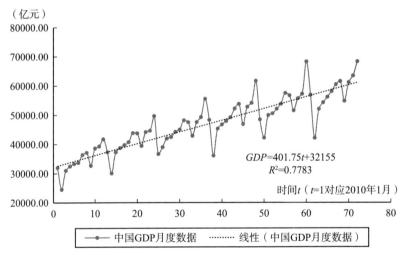

图 4 - 22　中国 GDP 月度数据走势及趋势线（2010 年 1 月 ~ 2015 年 12 月）

图 4 - 22 展示了中国 GDP 月度数据走势图及趋势线。从中可见，该时间序列属于一江春水向东流。

在图 4 - 22 中，解释中国 GDP 月度数据趋势的预测方程的 R 平方为 0.7783，即一元线性回归方程能解释中国 GDP 月度数据 77.83% 的变化。虽然，R 平方较高，达到了 77.83%，然而未达到模型最终确定准则（R 平方达到或超过 90%）。从实践出发，我们需要设法进一步提高预测方程的解释力。从图 4-22 可见，在某些月份，数据波动很大，偏离趋势线很远，因此我们需要考虑月份变量的影响。

根据三体预测法的应用程序，我们设置了一共包含 12 个月份的虚拟变量，分别以 $m_1 \sim m_{12}$ 来表示；然后把 GDP 对 t 和 $m_1 \sim m_{12}$ 进行初步回归，得到初步结果后，发现所有的解释变量在统计上均显著，如表 4-19 所示，而且 R 平方由 0.7783 变为 0.9726（表中最后一行），表明预测准确度在原来 77.83% 的基础上提高了 18.43%。改进后的预测方程的 R 平方高达 0.9726，这意味着该预测方程能解释中国 GDP 月度数据大约 97.26% 的变化。

表 4-19　　2010 年 1 月~2015 年 12 月中国 GDP 月度数据回归结果（$N = 72$）

变量说明	变量	回归系数	标准误	t 值	P 值（$p > |t|$）
趋势	t	376.78	9.94	37.89	0.000
1 月	m_1	−10140.84	1004.31	−10.10	0.000
2 月	m_2	−18128.28	1003.28	−18.07	0.000
3 月	m_3	−11220.02	1002.34	−11.19	0.000
4 月	m_4	−10327.66	1001.50	−10.31	0.000
5 月	m_5	−9338.94	1000.76	−9.33	0.000
6 月	m_6	−8527.52	1000.12	−8.53	0.000
7 月	m_7	−5915.08	999.58	−5.92	0.000
8 月	m_8	−5973.59	999.13	−5.98	0.000
9 月	m_9	−11721.60	998.78	−11.74	0.000
10 月	m_{10}	−6797.99	998.54	−6.81	0.000
11 月	m_{11}	−5852.69	998.39	−5.86	0.000
12 月	m_{12}	—	—	—	—
常数项	constant	41728.31	820.22	50.87	0.000
R^2		0.9726			

Stata 软件 Command 界面的回归命令为：regress GDP t m1 – m12 in 1/72。

4.6.4 评估预测方程的预测性能

通过使用表4 – 19 的中国月度 GDP 预测方程，我们对 2016 年 1 ~ 12 月的中国月度 GDP 进行预测，并把预测值与实际值进行比较，以相对预测误差来评估预测精确度，具体结果见表 4 – 20。从表中可见，除了 2016 年 2 月 GDP 预测值与实际值之间的相对预测误差较大（13.06%），其余月份的相对预测误差处于区间 [0.01%，3.93%]，相对误差很小，全年平均相对预测误差仅为 2.81%。由此表明，基于三体模型和三体预测法得出的预测方程，其预测精确度很高。

表 4 – 20   2016 年 1 ~ 12 月中国月度 GDP 预测值与实际值比较

月份	实际值（亿元）	预测值（亿元）	相对预测误差（%）
1	59146.82	59092.91	0.09
2	45536.61	51482.26	13.06
3	56889.28	58767.30	3.30
4	58054.46	60036.45	3.41
5	60107.32	61401.95	2.15
6	62581.92	62590.16	0.01
7	65284.37	65579.38	0.45
8	66557.75	65897.66	0.99
9	58687.38	60526.45	3.13
10	67393.60	65826.84	2.32
11	69899.02	67148.93	3.93
12	73988.68	73378.41	0.82
平均相对预测误差			2.81

注：表 4 – 20 第 3 列的预测值根据表 4 – 19 的预测方程得出。

为了便于直观比较表 4 - 20 的实际值和预测值,我们对它们进行可视化,做出 2016 年 1 ~ 12 月我国 GDP 实际值和预测值的走势图,如图 4 - 23 所示。在图 4 - 23 中,很直观地看到,预测值紧密跟随实际值,几乎形影不离,表明预测值对真实值的拟合程度优异。

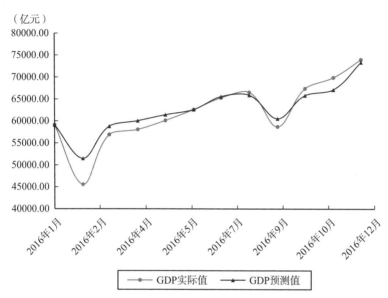

图 4 - 23　2016 年 1 ~ 12 月中国月度 GDP 实际值与预测值走势

4.6.5　与其他预测模型进行比较

为了评估三体模型与其他预测模型之间的性能,本书采用平均相对预测误差(MRPE)和根均方误差(RMSE)这两个获得广泛共识的评价指标进行比较。从文 [9] 可知,对于 MRPE 和 RMSE 这两种误差类型,FMGM(1, N)模型、NSGM(1, N)模型、GM(1, 1)模型及 ARIMA 模型的预测性能均优于 LSTM 模型和 SVM 模型;因此,本书使用文 [9] 的 FMGM(1, N)模型、NSGM(1, N)模型、GM(1, 1)模型及 ARIMA 模型的预测值，与本书基于三体模型得出的预测值进行比较，以 MRPE 和 RMSE 这 2 个指标进行性能评估。

从表 4 - 21 可见，三体模型的平均相对预测误差 MRPE 和根均方误差 RMSE 分别为 2.81%、2213，而 FMGM（1，N）模型的 MRPE 和 RMSE 分别为 3.62%、3063，可见三体模型的预测性能优于 FMGM（1，N）模型。从表 4 - 21 直观可见，就 MRPE 和 RMSE 这 2 个指标而言，FMGM（1，N）模型的预测性能均优于 NSGM（1，N）模型、GM（1，1）模型及 ARIMA 模型。

表 4 - 21　　　　三体模型与其他预测模型的预测值及误差比较

时间	实际值（亿元）	三体模型的预测值（亿元）	FMGM（1，N）模型的预测值（亿元）	NSGM（1，N）模型的预测值（亿元）	GM（1，1）模型的预测值（亿元）	ARIMA 模型的预测值（亿元）
2016 年 1 月	59146.82	59092.91	60355.64	62841.57	62789.47	63727.94
2016 年 2 月	45536.61	51482.26	54820.84	61178.78	63320.43	56305.31
2016 年 3 月	56889.28	58767.30	54806.08	60173.83	63855.88	62756.11
2016 年 4 月	58054.46	60036.45	56128.82	59464.81	64395.86	64224.71
2016 年 5 月	60107.32	61401.95	59882.43	59628.80	64940.40	65048.44
2016 年 6 月	62581.92	62590.16	62118.24	60081.21	65489.55	65431.91
2016 年 7 月	65284.37	65579.38	63986.31	60820.21	66043.34	68131.48
2016 年 8 月	66557.75	65897.66	65765.27	61843.95	66601.81	68867.13
2016 年 9 月	58687.38	60526.45	61202.30	61413.71	67165.01	64412.74
2016 年 10 月	67393.60	65826.84	66689.99	62723.13	67732.97	70337.74
2016 年 11 月	69899.02	67148.93	69346.02	64313.64	68305.73	71021.82
2016 年 12 月	73988.68	73378.41	71315.95	66183.43	68883.34	73455.60
平均相对预测误差（MRPE）（%）	2.81	3.62	8.14	8.87	7.45	
根均方误差（RMSE）	2213	3063	6063	6778	4987	

4.7　2006 ~ 2017 年中国五大机场月客运量预测

4.7.1　原始数据

梁小珍等基于网络搜索数据和 ARIMAX 模型[2]，梁小珍等基于 TEI @I 方法论[3]，梁小珍等运用奇异谱分析（SSA）[6]，对我国航空客运量进行了预测研究。张健等运用时变模型平均方法对我国吐量排名前五名（Top5）的航空客运量进行预测研究[1]。前五名机场指首都国际机场、香港国际机场、上海浦东机场、广州白云机场、成都双流机场。

本书拟使用三体模型及三体预测法，对我国前五名机场航空客运量进行预测研究①。本书通过相关的政府网站、行业网站和数据库，获取了 2006 年 1 月 ~ 2017 年 12 月中国前五名机场航空客运量月份数据，分别如表 4 – 22 ~ 表 4 – 26 所示。

表 4 – 22　　　　2006 年 1 月 ~ 2017 年 12 月香港国际机场月客运量　　　单位：万人

月份	2006 年	2007 年	2008 年	2009 年	2010 年	2011 年	2012 年	2013 年	2014 年	2015 年	2016 年	2017 年
1	350.2	352.1	399.1	388.2	382.9	421.2	478.6	454.4	509.1	519.1	588.1	620.8
2	327.2	362.9	389	325.6	384.0	391.3	400.1	461.8	472.7	538.6	566.2	551.8
3	353.3	382.9	424	380.0	406.4	410.0	455.1	494.7	510.1	570.2	597.4	588.7

①　该例子难度略大，读者可先研读后面的例子。

续表

月份	2006年	2007年	2008年	2009年	2010年	2011年	2012年	2013年	2014年	2015年	2016年	2017年
4	379.6	403.6	405.5	413.5	407.8	442.3	480.1	486.6	534.2	582.1	588.2	626.9
5	354.5	381.2	412.6	351.2	402.9	426.2	447.0	466.5	509.7	572.1	580.2	597.8
6	364	389.5	408.8	322.2	410.1	433.4	459.6	459.6	516.5	553.4	583.3	590.7
7	411.2	439.1	445	392.4	462.9	489.6	496.5	535.5	556.6	593.7	626.2	651.7
8	408.5	442.2	418.6	420.0	459.3	489.9	512.7	556.0	575.1	626.9	613.2	651.0
9	352.5	382.4	364.3	342.8	402.0	424.5	433.7	475.5	500.7	531.7	550.3	560.7
10	385.7	412.3	406.2	382.9	427.8	452.6	464.5	497.8	536.0	574.3	570.1	615.9
11	366.7	403.4	381.3	371.4	404.7	425.8	450.3	484.4	511.2	556.3	537.2	593.9
12	390.9	426.8	404.1	408.0	433.1	468.6	487.6	520.6	549.5	594.8	616.4	642.2

表4-23　　　2006年1月~2017年12月首都国际机场月客运量　　单位：万人

月份	2006年	2007年	2008年	2009年	2010年	2011年	2012年	2013年	2014年	2015年	2016年	2017年
1	348.7	389.5	419.2	506.5	544.1	616.9	648.5	646.4	706.1	697.7	753.8	818.0
2	316.1	378.8	373.0	486.2	530.1	551.2	597.2	640.6	663.8	698.5	718.0	765.9
3	378.9	446.7	440.0	522.7	599.5	631.5	658.2	708.3	684.3	770.1	772.4	813.0
4	411.8	465.8	473.0	552.4	602.9	667.0	677.6	694.5	708.9	760.5	782.7	719.9
5	403.6	465.4	452.0	525.1	616.5	667.0	679.0	701.9	706.4	747.8	780.5	781.8
6	396.0	450.3	449.0	506.4	608.0	648.8	677.9	687.6	688.4	732.3	755.0	763.8
7	447.1	515.5	492.0	589.2	686.5	712.3	756.7	736.1	763.4	797.5	824.5	796.9
8	471.0	513.3	429.1	626.3	699.0	736.8	771.9	776.5	782.1	814.5	869.6	825.5
9	442.5	450.5	501.1	535.7	636.1	680.0	708.9	720.7	728.2	747.5	811.5	826.6
10	445.0	455.8	568.0	603.2	674.3	700.0	708.7	740.6	761.7	797.7	838.9	844.5
11	408.8	417.6	501.0	548.5	589.6	634.4	652.8	659.1	718.9	707.3	753.8	810.2
12	380.6	409.3	477.0	535.0	595.5	611.7	655.6	657.1	701.0	722.2	783.4	811.9

表 4 – 24　　　　2006 年 1 月~2017 年 12 月上海浦东机场月客运量　　　单位：万人

月份	2006年	2007年	2008年	2009年	2010年	2011年	2012年	2013年	2014年	2015年	2016年	2017年
1	214.9	205.3	229.5	225.1	266.0	320.7	371.6	353.1	414.9	432.8	521.5	580.5
2	205.3	196.6	231.8	216.0	286.0	305.4	324.1	376.2	391.5	479.7	523.8	545.1
3	219.3	238.4	252.6	247.5	301.1	334.7	363.6	400.0	395.2	501.2	534.7	574.3
4	208.0	242.7	251.8	275.2	320.7	338.2	374.1	384.9	420.1	503.8	544.9	569.5
5	215.2	231.1	230.5	267.8	325.2	345.0	380.1	372.0	414.0	505.2	538.9	578.4
6	222.8	235.2	230.0	234.8	333.6	334.2	368.6	383.0	411.3	476.4	540.4	565.9
7	238.0	255.9	245.2	286.8	392.9	380.7	409.5	438.1	471.5	540.7	602.3	626.7
8	239.1	267.6	245.3	300.0	400.9	390.7	418.1	449.6	483.6	584.7	621.6	628.8
9	224.1	252.1	214.9	283.9	390.7	372.6	397.2	412.5	437.7	506.9	556.5	580.1
10	237.9	259.0	260.6	299.4	388.3	377.6	383.6	409.6	463.6	521.3	564.9	604.1
11	229.3	253.8	291.2	306.6	332.0	330.5	343.6	374.2	434.2	473.2	515.3	563.9
12	214.1	233.0	207.4	262.1	309.3	329.0	341.2	365.7	427.6	479.5	556.4	582.8

表 4 – 25　　　　2006 年 1 月~2017 年 12 月广州白云机场月客运量　　　单位：万人

月份	2006年	2007年	2008年	2009年	2010年	2011年	2012年	2013年	2014年	2015年	2016年	2017年
1	201.9	213.9	270.0	301.8	318.0	365.7	422.9	399.2	456.0	445.1	474.7	555.5
2	200.6	240.0	282.9	297.2	338.5	349.1	376.5	431.5	451.3	466.1	481.7	521.1
3	218.4	265.5	300.0	307.3	363.2	368.7	397.0	453.5	453.3	498.2	494.0	549.6
4	221.0	263.9	289.2	293.1	339.0	380.3	394.3	423.2	448.6	463.7	486.6	528.2
5	205.1	251.2	268.3	291.8	321.2	369.0	381.3	426.1	440.3	435.7	478.4	533.5
6	201.2	236.2	246.2	279.7	324.0	353.2	376.2	417.6	422.8	424.8	466.2	498.0
7	231.9	265.0	285.7	303.1	358.5	392.6	417.7	453.0	466.5	461.9	505.1	554.2
8	231.7	270.2	261.3	324.9	363.2	389.3	419.6	479.6	489.9	489.0	528.1	579.8
9	215.7	253.1	263.2	297.5	329.3	367.5	393.2	426.9	450.1	447.9	497.9	538.7

续表

月份	2006年	2007年	2008年	2009年	2010年	2011年	2012年	2013年	2014年	2015年	2016年	2017年
10	232.3	282.6	299.1	341.6	354.9	396.6	421.4	456.3	474.2	473.8	533.2	578.5
11	229.5	275.0	291.2	327.2	319.6	385.4	412.5	440.5	464.0	456.3	507.3	568.7
12	213.7	262.3	270.9	313.4	340.7	377.0	408.7	428.7	461.1	460.8	519.7	571.7

表4-26　　2006年1月~2017年12月成都双流机场月客运量　　单位：万人

月份	2006年	2007年	2008年	2009年	2010年	2011年	2012年	2013年	2014年	2015年	2016年	2017年
1	109.6	112.2	138.6	166.1	185.1	219.3	264.3	240.5	301.5	311.5	352.0	412.0
2	106.5	135.8	148.5	157.8	203.3	218.5	234.7	277.0	304.1	342.2	378.8	400.7
3	116.7	144.2	149.9	169.0	214.1	224.9	243.9	286.4	293.2	364.8	377.9	413.3
4	132.3	150.1	156.2	180.7	204.9	235.2	248.0	260.8	293.7	343.7	370.7	393.1
5	123.7	155.6	121.6	173.2	205.3	236.0	251.3	259.1	304.1	346.8	372.2	404.7
6	117.1	151.6	115.6	182.0	209.4	236.7	256.9	264.6	298.7	330.4	369.1	406.0
7	168.8	183.3	143.2	213.0	244.3	265.2	297.8	297.7	344.9	385.0	399.1	432.4
8	175.4	191.2	145.6	223.5	248.8	278.7	296.8	315.5	351.6	407.2	413.6	433.6
9	165.4	176.3	150.0	198.4	220.4	262.0	277.8	295.2	328.7	373.8	397.8	410.3
10	170.0	186.5	156.8	227.4	240.2	275.1	291.1	310.4	341.9	376.3	417.9	427.2
11	130.2	142.8	144.9	196.3	207.1	229.3	246.7	272.8	307.2	308.7	378.7	425.6
12	112.2	128.2	143.6	176.5	199.8	220.9	238.9	259.3	301.7	334.2	376.6	427.8

4.7.2　在 Excel 设置时间 t 及做出走势图

我们使用2006年1月~2013年12月的月客运量数据作为训练集，而2014年1月~2017年12月的月客运量数据作为测试集，以用于预测

值比较和预测精确度评估。按照三体预测法的应用过程，我们设置时间
单位 t（$t=1$ 对应 2006 年 1 月，t 按步长 1 递增，$t=96$ 对应 2013 年 12
月），做出关于五大机场客运量 $flow$ 和时间 t 的走势图，如图 4－24～
图 4－28），然后得出趋势线的一元回归方程及其 R 平方，细节如下
（单位：万人）：

香港国际机场：$flow=1.3357t+354.99$（$R^2=0.5910$，$N=96$）

$$(4-8)$$

首都国际机场：$flow=3.8752t+375.82$（$R^2=0.8519$，$N=96$）

$$(4-9)$$

上海浦东机场：$flow=2.2514t+193.25$（$R^2=0.8249$，$N=96$）

$$(4-10)$$

广州白云机场：$flow=2.5549t+202.24$（$R^2=0.9523$，$N=96$）

$$(4-11)$$

成都双流机场：$flow=1.8541t+112.53$（$R^2=0.8406$，$N=96$）

$$(4-12)$$

从实际需要而言，式（4－11）的 R 平方高达 95%，足以满足预测精
度要求，且预测方程简洁优美。式（4－9）、式（4－10）和式（4－12）
的 R 平方分别为 0.8519、0.8249 和 0.8406，距离 90% 尚有几个点的距
离，有待进一步提高。

考虑到每月客运量是两三百万人级别，故预测准确度提高几个百分
点，现实意义较为重要。在式（4－8）中，香港国际机场预测方程的 R
平方仅为 0.5910，无法满足实际预测需要，需要着重改善，使 R 平方
提高到 90% 或以上。

图 4－24 展示了香港国际机场月客运量走势及趋势线。从中可见，
该时间序列走势叠加了时间序列的趋势、波动和惯性三种特征。

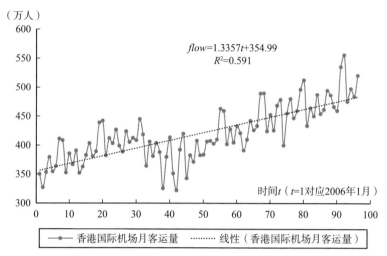

图 4 - 24　香港国际机场月客运量走势及趋势线（2006. 01 ~ 2013. 12）

图 4 - 25 展示了首都国际机场月客运量走势及趋势线。从中可见，该时间序列属于一江春水向东流。

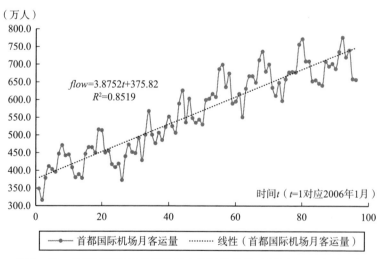

图 4 - 25　首都国际机场月客运量走势及趋势线（2006. 01 ~ 2013. 12）

图 4 - 26 展示了上海浦东机场月客运量走势及趋势线。从中可见，该时间序列属于一江春水向东流。

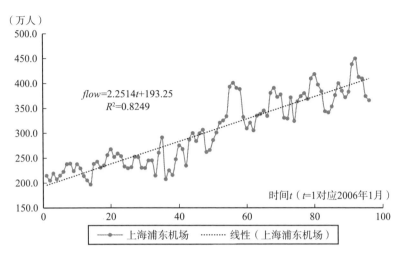

（万人）

flow=2.2514t+193.25
R^2=0.8249

时间t（t=1对应2006年1月）

上海浦东机场 ⋯⋯ 线性（上海浦东机场）

图 4 - 26 上海浦东机场月客运量走势及趋势线（2006.01 ~ 2013.12）

图 4 - 27 展示了广州白云机场月客运量走势及趋势线。从中可见，该时间序列属于青云直上。

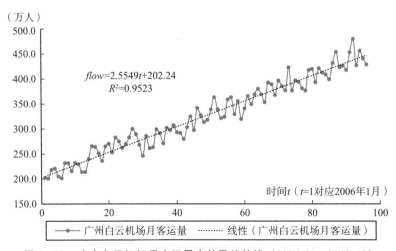

（万人）

flow=2.5549t+202.24
R^2=0.9523

时间t（t=1对应2006年1月）

广州白云机场月客运量 ⋯⋯ 线性（广州白云机场月客运量）

图 4 - 27 广东白云机场月客运量走势及趋势线（2006.01 ~ 2013.12）

图 4 – 28 展示了成都双流机场月客运量走势及趋势线。从中可见，该时间序列属于一江春水向东流。

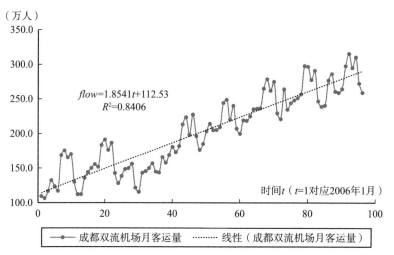

图 4 – 28　成都双流机场月客运量走势及趋势线（2006. 01 ~ 2013. 12）

4.7.3　设置月份虚拟变量

表 4 – 27 展示了在 Excel 工作表中，2006 年 1 月 ~ 2013 年 12 月香港国际机场客运量月度数据的时间 t 设置和月份虚拟变量设置。由于篇幅所限，我们只展示了香港机场 2006 年的月数据设置，其余年份月份和其他机场的设置类似。对照本章第 4.1 节的操作步骤，把 Excel 工作表的内容复制到 Stata 中，就完成了从 Excel 数据到 Stata 数据的操作。在表 4 – 27 中，m_1 ~ m_{12} 分别表示 1 ~ 12 月。

表 4 – 27　香港国际机场月客运量的时间 t 设置和月份虚拟变量设置

开始日期	截止日期	月度客运量（万）	时间单位	1 月	2 月	3 月	4 月	5 月	6 月	7 月	8 月	9 月	10 月	11 月	12 月
start	end	flow	t	m_1	m_2	m_3	m_4	m_5	m_6	m_7	m_8	m_9	m_{10}	m_{11}	m_{12}
2006 – 01 – 01	2006 – 01 – 31	350.2	1	1	0	0	0	0	0	0	0	0	0	0	0
2006 – 02 – 01	2006 – 02 – 28	327.2	2	0	1	0	0	0	0	0	0	0	0	0	0
2006 – 03 – 01	2006 – 03 – 31	353.3	3	0	0	1	0	0	0	0	0	0	0	0	0
2006 – 04 – 01	2006 – 04 – 30	379.6	4	0	0	0	1	0	0	0	0	0	0	0	0
2006 – 05 – 01	2006 – 05 – 31	354.5	5	0	0	0	0	1	0	0	0	0	0	0	0
2006 – 06 – 01	2006 – 06 – 30	364.0	6	0	0	0	0	0	1	0	0	0	0	0	0
2006 – 07 – 01	2006 – 07 – 31	411.2	7	0	0	0	0	0	0	1	0	0	0	0	0
2006 – 08 – 01	2006 – 08 – 31	408.5	8	0	0	0	0	0	0	0	1	0	0	0	0
2006 – 09 – 01	2006 – 09 – 30	352.5	9	0	0	0	0	0	0	0	0	1	0	0	0
2006 – 10 – 01	2006 – 10 – 31	385.7	10	0	0	0	0	0	0	0	0	0	1	0	0
2006 – 11 – 01	2006 – 11 – 30	366.7	11	0	0	0	0	0	0	0	0	0	0	1	0
2006 – 12 – 01	2006 – 12 – 31	390.9	12	0	0	0	0	0	0	0	0	0	0	0	1

4.7.4 依据三体预测法构建预测模型

按照三体预测法的应用过程，我们设置了一共 12 个月份的虚拟变量（以 $m_1 \sim m_{12}$ 表示），把 flow 对 t 和 $m_1 \sim m_{12}$ 进行初步回归，得到初步结果后，删除不显著的统计量，必要时加入滞后因变量，然后再进行回归，最终得到表 4 – 28。

表 4 – 28   2006 ~ 2013 年国内五大机场月度客运量预测方程

变量说明（1）	变量（2）	香港国际机场（3）	首都国际机场（4）	上海浦东机场（5）	广州白云机场（6）	成都双流机场（7）
常数项	_cons	98. 791 ***	350. 224 ***	74. 107 ***	202. 239 ***	52. 752 ***
趋势	t	0. 418 ***	3. 832 ***	0. 9135 ***	2. 5549 ***	0. 9186 ***
1 月	m_1	—	—	—	—	—
2 月	m_2	– 13. 566 *	– 34. 692 ***	—	—	—
3 月	m_3	—	25. 551 **	—	—	—
4 月	m_4	33. 232 ***	41. 619 ***	—	—	—
5 月	m_5	—	33. 474 ***	—	—	—
6 月	m_6	—	—	—	—	—
7 月	m_7	52. 308 ***	78. 922 ***	39. 734 ***	—	33. 783 ***
8 月	m_8	55. 518 ***	86. 152 ***	24. 418 ***	—	23. 315 ***
9 月	m_9	—	38. 770 ***	—	—	—
10 月	m_{10}	—	62. 451 ***	17. 978 ***	—	23. 412 ***
11 月	m_{11}	—	—	—	—	—
12 月	m_{12}	41. 009 ***	—	—	—	– 14. 792 ***
滞后一阶	$flow_{t-1}$	0. 171 **	—	0. 588 ***	—	0. 496 ***

变量说明 （1）	变量 （2）	香港国际 机场（3）	首都国际 机场（4）	上海浦东 机场（5）	广州白云 机场（6）	成都双流 机场（7）
滞后二阶	$flow_{t-2}$	0.138 *	—	—	—	—
滞后三阶	$flow_{t-3}$	0.380 ***	—	—	—	—
R^2		0.868	0.941	0.928	0.952	0.951

注：1. *** p < 1% ，** p < 5% ，* p < 10% 。
2. 广州白云机场的预测方程为式（4-11），无需添加月份虚拟变量。
3. 浦东机场回归结果的 Stata 命令：regress flow t m7 m8 m10 L1. flow。
4. 成都机场回归结果的 Stata 命令：regress flow t m7 m8 m10 m12 L1. flow。
5. 香港机场回归结果的 Stata 命令：regress flow t m2 m4 m7 m8 m12 L1. flow L2. flow L3. flow。
6. 首都机场回归结果的 Stata 命令：regress flow t m2 m3 m4 m5 m7 m8 m9 m10。

4.7.5 评估预测方程的预测性能

在表 4-28 第（3）列中，香港国际机场预测方程的 R 平方由之前的 0.591 提高到了 0.868，预测准确度提高了 27.7% ，而 R 平方已近似 90% 。从预测方程可知，相比其他月份香港国际机场 4 月、7 月、8 月和 12 月的客运量会出现显著激增，较正常月份分别激增大约 33.2 万人、52.3 万人、55.5 万人和 41 万人。

本书通过使用表 4-28 第（3）列的预测方程，把香港国际机场 2014 年 1 月~2017 年 12 月的月客运量作为测试集，利用 Stata 软件的 predict 命令得出预测值，并把预测值与实际值进行可视化比较，如图 4-29 所示。从图 4-29 可见，月客运量预测值能较好地跟随真实值变化，表明通过该预测方程得出的预测曲线能够很好地拟合实际值（解释力达到 87% ，接近 90% ）。

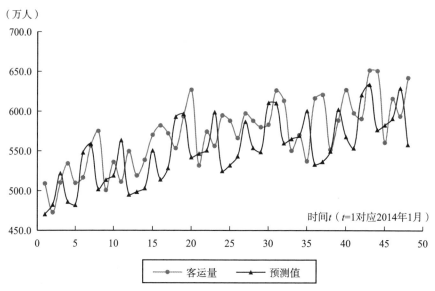

（万人）

时间 t（t=1对应2014年1月）

客运量　　　预测值

图4-29　香港国际机场月客运量和预测值走势比较（2014.01～2017.12）

表4-28第（4）列、第（5）列和第（7）报告了经改善后的预测方程，从中可见，加入了月份虚拟变量后，这3个预测模型复杂了些许，但衡量解释力的 R 平方也有了较大幅度提高。

表4-28第（4）列中，首都国际机场预测方程的 R 平方由0.8519提高到了0.9414，提高了约9%。相比其他月份，首都国际机场3月、4月、5月、7月、8月、9月和10月的客运量会出现显著激增，较正常情形分别激增大约25.5万人、41.6万人、33.5万人、78.9万人、86.2万人、38.8万人、62.5万人，2月份较正常情况显著减少34.7万人（可能是春节离京导致）。

表4-28第（5）列中，上海浦东机场预测方程的 R 平方由0.8249提高到了0.9276，提高了约10.3%。相比其他月份，上海浦东机场7月、8月和10月的客运量会出现显著激增，较正常月份分别激增大约

39.8 万人、24.4 万人和 18 万人。

表 4-28 第 (7) 列中, 成都双流机场预测方程的 R 平方由 0.8406 提高到了 0.9506, 提高了 11%。相比其他月份, 成都双流机场 7 月、8 月、10 月客运量会出现显著激增, 较正常月份分别激增大约 33.8 万人、23.3 万人、23.4 万人, 12 月客运量会显著减少, 较正常月份减少约 14.8 万人。

4.8 北京目的地游客量月度数据预测

4.8.1 原始数据

北京作为中国的首都, 一直是中外游客的热门旅游目的地, 因而关于北京游客数量预测研究, 也受到诸多学者关注。李等 (Li et al., 2017) 基于 GDFM 的综合搜索索引和计量经济方法对 2011 年 1 月~2015 年 7 月北京游客月度数据进行了预测研究。孙等 (Sun et al., 2019) 基于网络搜索索引和机器学习提出了核极限学习机 (kernel extreme learning machine, KELM) 模型, 对 2011 年 1 月~2017 年 4 月北京游客月度数据进行了预测研究。

为了检验三体模型和三体预测法的预测表现, 本书拟使用三体模型及三体预测法对 2011~2017 年北京游客月份数据进行预测研究。表 4-29 为 2011~2017 年北京每月游客量原始数据。

表 4 – 29　　　　2011 年 1 月 ~ 2017 年 12 月北京游客量月度数据　　　单位：万人次

月份	2011 年	2012 年	2013 年	2014 年	2015 年	2016 年	2017 年
1	881.0	1442.7	1011.0	1260.2	1427.5	1242.2	1607.5
2	1548.0	1163.3	1596.4	1769.9	1882.5	2072.2	2131.7
3	1484.0	1462.2	1640.4	2053.0	2083.1	2231.8	2337.1
4	2406.0	2572.8	2599.1	2920.8	2909.4	3339.9	3681.5
5	2505.7	2517.0	2698.6	2741.4	2939.4	2953.6	2991.4
6	2101.5	2140.1	2305.5	2418.9	2501.7	2709.3	2407.4
7	2866.2	2741.1	2881.7	3143.9	3254.5	3141.5	3069.1
8	2876.1	2842.5	3098.8	3473.4	3553.2	3542.3	3464.8
9	2055.2	1490.2	2575.6	2492.2	2424.0	2633.0	2380.5
10	2858.1	2914.2	3320.8	3450.0	3416.8	3268.5	3000.4
11	1572.9	1469.7	1869.1	1972.0	1684.0	1863.1	1973.3
12	1100.2	1072.2	1308.8	1289.6	1290.8	1351.9	1356.8

本书拟使用三体模型及三体预测法，对 2011 ~ 2017 年北京游客月份数据进行预测研究，以检验其泛化能力、简洁性及预测精度。孙等（Sun et al.，2019）把样本分为两个子集：2011 ~ 2016 年的数据集作为训练集，2016 ~ 2017 年的数据集作为测试集。为了便于与孙等（Sun et al.，2019）的 KELM 模型进行比较，本书对数据集合采取类似的划分。

4.8.2　在 Excel 设置时间 t 及做出走势图

按照三体预测法的应用过程，我们设置时间单位 t（$t=1$ 对应 2011 年 1 月，t 按步长 1 递增，$t=72$ 对应 2016 年 12 月），做出关于北京游客数量（单位：万人次）*tourists* 和时间 t 的走势图，然后得出趋势线的一元回归方程及其 R 平方，如图 4 - 30 所示。从图中可见，R 平方只有 0.0856，亦即一元线性方程只解释了大约 8.56% 的变化。因此，我们需要采取措施提高 R 平方，以提高方程的解释和预测能力。

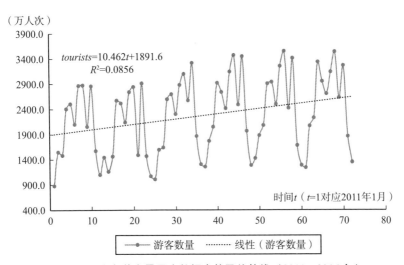

图 4 - 30　北京游客量月度数据走势及趋势线（**2011~2016 年**）

从图 4 - 30 可见，该时间序列虽然波动很大，但也呈现出一定的规律。根据走势图，可以判断该时间序列属于一江春水向东流。我们需要考虑设置月份虚拟变量，以便有效捕捉月度波动；必要时，还需要考虑设置滞后因变量，以有效跟踪变化，做到形影不离。

4.8.3　设置月份虚拟变量

表 4 - 30 展示了在 Excel 工作表中，2011~2016 年北京每月游客量的时间 t 设置和月份虚拟变量设置。由于篇幅所限，我们只展示了 2011 年的月度数据设置，其余年份的月份设置类似。对照本章第 4.1 节的操

作步骤，把 Excel 工作表的内容复制到 Stata 中，就完成了从 Excel 数据到 Stata 数据的操作。在表 4 - 30 中，$m_1 \sim m_{12}$ 分别表示 1 ~ 12 月。

表 4 - 30   北京每月游客数量的时间 t 设置和月份虚拟变量设置

时间	月度游客数（万人次）	时间 t	1 月	2 月	3 月	4 月	5 月	6 月	7 月	8 月	9 月	10 月	11 月	12 月
time	tourists	t	m_1	m_2	m_3	m_4	m_5	m_6	m_7	m_8	m_9	m_{10}	m_{11}	m_{12}
201101	881.0	1	1	0	0	0	0	0	0	0	0	0	0	0
201102	1548.0	2	0	1	0	0	0	0	0	0	0	0	0	0
201103	1484.0	3	0	0	1	0	0	0	0	0	0	0	0	0
201104	2406.0	4	0	0	0	1	0	0	0	0	0	0	0	0
201105	2505.7	5	0	0	0	0	1	0	0	0	0	0	0	0
201106	2101.5	6	0	0	0	0	0	1	0	0	0	0	0	0
201107	2866.2	7	0	0	0	0	0	0	1	0	0	0	0	0
201108	2876.1	8	0	0	0	0	0	0	0	1	0	0	0	0
201109	2055.2	9	0	0	0	0	0	0	0	0	1	0	0	0
201110	2858.1	10	0	0	0	0	0	0	0	0	0	1	0	0
201111	1572.9	11	0	0	0	0	0	0	0	0	0	0	1	0
201112	1100.2	12	0	0	0	0	0	0	0	0	0	0	0	1

4.8.4   依据三体预测法构建预测模型

按照三体预测法的应用过程，我们设置了一共 12 个月份的虚拟变量（分别以 $m_1 \sim m_{12}$ 来表示），把 tourists 对 t 和 $m_1 \sim m_{12}$ 进行初步回归，得到初步结果后，删除不显著的统计量，然后再进行回归，最终得到表 4 - 31 第 3 列的预测方程 I。从表中可见，R 平方由 0.0856 提高到了 0.9555，预测准确度提高了 86.99%。

表 4 – 31   2011～2016 年北京游客月度数据预测方程

变量说明	变量	预测方程 I	预测方程 II
常数项	$\_cons$	870. 342 ***	539. 484 ***
趋势	t	9. 667 ***	7. 002 ***
1 月	m_1	—	—
2 月	m_2	492. 375 ***	537. 464 ***
3 月	m_3	636. 408 ***	563. 242 ***
4 月	m_4	1592. 325 ***	1481. 565 ***
5 月	m_5	1517. 275 ***	1156. 272 ***
6 月	m_6	1144. 492 ***	803. 278 ***
7 月	m_7	1776. 808 ***	1533. 367 ***
8 月	m_8	1993. 375 ***	1584. 449 ***
9 月	m_9	1031. 025 ***	565. 508 ***
10 月	m_{10}	1947. 725 ***	1734. 401 ***
11 月	m_{11}	471. 792 ***	—
12 月	m_{12}	—	—
滞后一阶	$tourists_{t-1}$	—	0. 262 ***
R^2		0. 9555	0. 9547

注： *** $p < 1\%$ ， ** $p < 5\%$ ， * $p < 10\%$ 。

按照三体预测法的应用过程，本书设置了一共 12 个月份的虚拟变量（分别以 $m_1 \sim m_{12}$ 来表示），并增加滞后一阶项，删除不显著的统计量，然后再进行回归，由此得到表 4 – 31 第 4 列的预测方程 II。从中可见，预测方程 II 的 R 平方高达 0.9547。通过运用本书的三体模型和三体预测法，我们得到了 2 个预测方程，而它们都有很高的解释力，其分别能解释 95.55% 和 95.47% 的变化。

4.8.5 评估预测方程的预测性能

通过运用预测方程 Ⅰ 和 Ⅱ，以 2017 年 1～12 月的北京游客月度数据作为测试集，我们得到了表 4－32。该表第 2～6 列列出了 2017 年 1～12 月北京游客月度数据的真实值、预测值和相对预测误差。

表 4－32   2017 年 1～12 月北京游客月度数据真实值、预测值和相对预测误差

月份	真实值（万人次）	预测值 Ⅰ（万人次）	相对预测误差 Ⅰ（%）	预测值 Ⅱ（万人次）	相对预测误差 Ⅱ（%）
1	1607.5	1576.0	1.96	1458.7	9.25
2	2131.7	2078.0	2.52	2070.1	2.89
3	2337.1	2231.7	4.51	2240.2	4.14
4	3681.5	3197.3	13.15	3219.4	12.55
5	2991.4	3131.9	4.70	3253.2	8.75
6	2407.4	2768.8	15.01	2726.5	13.25
7	3069.1	3410.8	11.13	3310.6	7.87
8	3464.8	3637.0	4.97	3542.0	2.23
9	2380.5	2684.4	12.76	2633.7	10.64
10	3000.4	3610.7	20.34	3525.6	17.50
11	1973.3	2144.5	8.67	1960.6	0.65
12	1356.8	1682.3	23.99	1698.5	25.19
平均值			10.31		9.58

注：第 3 列、第 5 列分别为使用预测方程 Ⅰ、Ⅱ 得出的预测值。

表 4－32 中，第 3 列预测值 Ⅰ 为通过预测方程 Ⅰ 得出的预测值；第 4 列为预测值 Ⅰ 与真实值之间的相对预测误差，其平均值为 10.31%。

表 4－32 中，第 5 列预测值 Ⅱ 为通过预测方程 Ⅱ 得出的预测值，

第 6 列为预测值Ⅱ与真实值之间的相对预测误差，其平均值为 9.58%。

从实践出发，上述两个预测误差能够满足现实需要。

在图 4 – 31 中，我们把表 4 – 32 的真实值、预测值Ⅰ与预测值Ⅱ进行了可视化。从图 4 – 31 可见，预测值能够很好地追踪真实值，其趋势及变化方向较为一致。综上所述，预测方程Ⅰ和预测方程Ⅱ是令人满意的预测方程，其较好地满足三个准则：R 平方准则，相对预测误差准则，简洁准则。

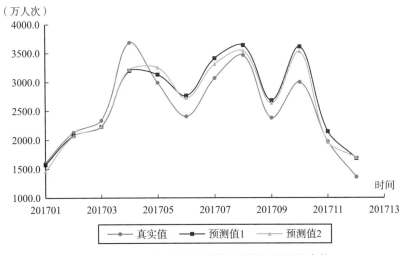

图 4 – 31　2017 年北京每月游客数量和预测值走势

4.9　海南过夜游旅客量月度数据预测

4.9.1　原始数据

2018 年 4 月 13 日，习近平主席在海南建省办经济特区 30 周年发表重要讲话（简称"4·13讲话"）[25]，宣布党中央支持海南建设国际自由贸易港（简称海南自贸港）。一时间，海南吸引了全球目光，获得了举国关注。因此本书考虑使用海南自贸港有关数据来检验三体模型的泛化能力和三体预测法的预测表现。

张玲玲等（2021）综合运用聚类方法、百度搜索指数和计量经济方法对海南过夜游客人数进行了预测研究，取得了较好的预测结果[14]。为了检验三体模型的泛化能力和三体预测法的预测性能，本书使用与张玲玲等（2021）同样的数据集合进行预测研究。通过相关的政府网站、行业网站和数据库，本书获得了2010年3月~2015年9月海南过夜游客月度数据，具体如表4-33所示。

表4-33　　　2010年3月~2015年9月海南过夜游客量月度数据　单位：万人次

月份	2010年	2011年	2012年	2013年	2014年	2015年
1	—	177.93	288.34	293.72	327.39	360.80
2	—	177.93	281.13	309.25	360.19	396.98
3	245.24	258.64	286.03	311.73	342.28	378.46
4	214.49	238.62	257.26	276.83	296.51	327.28
5	194.42	224.54	231.35	264.34	294.55	332.44
6	175.73	202.03	212.21	240.18	265.44	290.53
7	201.19	231.54	245.62	273.40	297.84	324.64
8	208.73	238.74	254.31	290.76	320.54	357.83
9	181.80	213.35	267.70	267.70	295.41	325.52
10	179.61	243.26	291.27	322.55	358.90	—
11	224.03	299.02	355.70	392.93	432.37	—
12	268.34	333.50	384.29	425.24	468.01	—

4.9.2 在 Excel 设置时间 t 及做出走势图

本书使用的训练集为 2010 年 3 月 ~ 2015 年 2 月海南过夜游客月度数据，一共 60 个样本观察值。依据三体预测法的应用程序，本书设置时间单位 t（$t=1$ 对应 2010 年 3 月，t 按步长 1 递增，$t=60$ 对应 2015 年 2 月），做出海南过夜游客数量（单位：万人次）$tourists$ 和时间 t 的走势图，然后得出一元线性回归方程及其 R 平方，如图 4 - 32 所示。

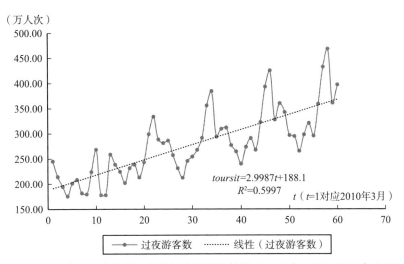

图 4 - 32 海南过夜游客量月度数据走势及趋势线（2010 年 3 月 ~ 2015 年 2 月）

从图 4 - 32 可见，R 平方只有 0.5997，亦即线性趋势方程可以解释海南过夜游客人数大约 60% 的变化。因此，我们需要采取措施提高 R 平方，以提高回归方程的解释力和预测力。

4.9.3 设置月份虚拟变量

表 4-34 展示了在 Excel 工作表中，2010 年 3 月~2015 年 2 月海南过夜游客人数月度数据的时间 t 设置和月份虚拟变量设置。由于篇幅所限，我们只展示了 2010 年 3 月~2011 年 3 月的月度数据设置，其余年份的月份设置类似。对照本章第 4.1 节的操作步骤，把 Excel 工作表的内容复制到 Stata 中，就完成了从 Excel 数据到 Stata 数据的操作。在表 4-34 中，m_1~m_{12} 分别表示 1~12 月。

表 4-34　　海南过夜游客人数的时间 t 设置和月份虚拟变量设置

日期	年份	月份	过夜游客人数（万人次）	时间 t	1月	2月	3月	4月	5月	6月	7月	8月	9月	10月	11月	12月
date	year	month	tourist	t	m_1	m_2	m_3	m_4	m_5	m_6	m_7	m_8	m_9	m_{10}	m_{11}	m_{12}
201003	2010	3	245.24	1	0	0	1	0	0	0	0	0	0	0	0	0
201004	2010	4	214.49	2	0	0	0	1	0	0	0	0	0	0	0	0
201005	2010	5	194.42	3	0	0	0	0	1	0	0	0	0	0	0	0
201006	2010	6	175.73	4	0	0	0	0	0	1	0	0	0	0	0	0
201007	2010	7	201.19	5	0	0	0	0	0	0	1	0	0	0	0	0
201008	2010	8	208.73	6	0	0	0	0	0	0	0	1	0	0	0	0
201009	2010	9	181.80	7	0	0	0	0	0	0	0	0	1	0	0	0
201010	2010	10	179.61	8	0	0	0	0	0	0	0	0	0	1	0	0
201011	2010	11	224.03	9	0	0	0	0	0	0	0	0	0	0	1	0
201012	2010	12	268.34	10	0	0	0	0	0	0	0	0	0	0	0	1
201101	2011	1	177.93	11	1	0	0	0	0	0	0	0	0	0	0	0
201102	2011	2	177.93	12	0	1	0	0	0	0	0	0	0	0	0	0
201103	2011	3	258.64	13	0	0	1	0	0	0	0	0	0	0	0	0

4.9.4 依据三体预测法构建预测模型

按照三体预测法的应用过程，本书设置了一共 12 个月份的虚拟变量（分别以 $m_1 \sim m_{12}$ 来表示），把 *tourists* 对 t 和 $m_1 \sim m_{12}$ 进行初步回归，得到初步结果后，删除不显著的统计量，然后再进行回归，最终得到 R 平方为 0.8990。从预测角度而言，R 平方高达 90%，基本可以满足实际需要。

然而，我们仍然可以采取措施进一步提高 R 平方（即把 0.8990 提高），从而进一步提高预测方程的解释力和预测力。按照三体预测法的应用过程，本书设置 12 个月份的虚拟变量（分别以 $m_1 \sim m_{12}$ 来表示），并增加因变量滞后一阶项，然后进行回归，根据回归结果删除不显著的统计量；然后再进行回归，由此得到表 4-35。从表中可见，预测方程的 R 平方高达 0.9504，R 平方由之前的 0.5997 提高到了 0.9504，预测精度提高了 35.07%。

表 4-35 　2010 年 3 月 ~ 2015 年 2 月海南过夜游客人数预测方程（N = 60）

变量说明	变量	回归系数	标准误	t 值	P 值（$p > |t|$）
趋势	t	0.987	0.286	3.45	0.001
1 月	m_1	−73.284	12.874	−5.69	0.000
4 月	m_4	−38.255	9.250	−4.14	0.000
5 月	m_5	−32.423	8.220	−3.94	0.000
6 月	m_6	−46.031	8.127	−5.66	0.000
9 月	m_9	−37.002	8.140	−4.55	0.000
11 月	m_{11}	45.455	8.290	5.48	0.000
12 月	m_{12}	37.714	10.759	3.51	0.001

续表

变量说明	变量	回归系数	标准误	t 值	P 值（$p > \lvert t \rvert$）
滞后一阶	$tourist_{t-1}$	0.678	0.091	7.47	0.000
常数项	_cons	73.568	16.022	4.59	0.000
R^2		0.9504			

4.9.5 评估预测方程的预测性能

根据表 4 - 35 的预测方程，本书对 2015 年 3 ~ 9 月海南过夜游客人数进行预测，并与实际值进行比较，具体细节见表 4 - 36。在表 4 - 36 中，我们用相对预测误差这个指标（表中第 5 列）来评估预测方程的预测性能。从表 4 - 36 可见，相对预测误差处于区间 [0.25%，8.80%]，平均相对预测误差只有 4.96%，说明预测方程的预测表现很优秀。

表 4 - 36   2015 年 3 ~ 9 月海南过夜游客数量预测值与实际值比较

年份	月份	实际人数（万人次）	预测人数（万人次）	相对预测误差（%）
2015	3	394.30	402.89	6.46
2015	4	366.30	353.07	7.88
2015	5	338.46	325.19	2.18
2015	6	320.79	316.07	8.79
2015	7	350.75	334.68	3.09
2015	8	361.52	358.79	0.27
2015	9	348.02	345.27	6.07
平均相对预测误差				4.96

注：表 4 - 36 第 4 列的预测值根据表 4 - 35 的预测方程得出。

根据表 4－36，我们做出了 2015 年 3～9 月海南过夜游客人数的预测值与实际值走势图，把结果可视化，以便于直观比较。从图 4－33 可见，预测值的走势紧密跟随实际值，几乎形影不离，展示出了优秀的预测表现。

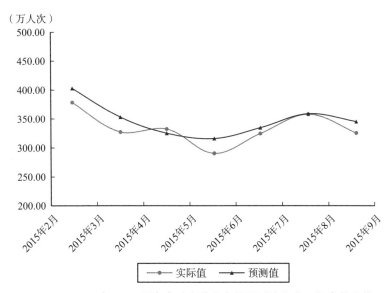

图 4－33　2015 年 3～9 月海南过夜游客人数预测值和实际值走势比较

4.10　英国电子废弃物回收规模预测

4.10.1　原始数据

电子信息技术的快速发展，带动了电子产品及电子废弃物数量的增加。据《2020 年全球电子废弃物监测》报告显示，2019 年全球产生的电子废弃物总量达到了 5360 万吨，是全球增速最快的危险固体废弃物之一[32]。

我国的电子废弃物也在快速增加，《废弃电器电子产品处理目录》中收录了 14 种电子废弃物，据统计 2019 年废弃量为 6.16 亿台[15]，预计到 2030 年，我国电子产品废弃量将超过 2700 万吨[17]。

电子废弃物的部分零件可以回收利用，具有一定的回收价值。电子废弃物含有一定的有害物质，处理不当会对环境及人体产生一定危害。因此，研究电子废弃物的回收、处理和再利用，对于发展循环经济和绿色经济，实现可持续发展，具有重要的实践意义。

王方等（2022）基于"分解—集成"思想构建了 CH – X12/STL – X 预测框架，用于分析具有季节特征的时间序列，对英国和中国的电子废弃物回收规模进行了预测[17]。为了检验三体模型的泛化能力，本书采用与文献［17］同样的数据集进行预测研究。

本书采用的英国废弃小型家用电器（SHA）、通信类设备（ITE）和消费量设备（CE）数据来源于英国环境局官网，我们收集了 2008 年 1 季度～2019 年 4 季度的数据。表 4 – 37 为本书所使用的初始数据。

表 4 – 37　2008～2019 年英国电子废弃物 SHA、ITE 和 CE 季度数据　　单位：吨

年份	季度	小型家用电器 （small household appliances，SHA）	通信类设备 （IT and telcomms equipment，ITE）	消费量设备 （consumer equipment， CE）
2008	1	3953	4234	4508
2008	2	4836	5201	5196
2008	3	4180	4940	4703
2008	4	4070	4678	4518
2009	1	5060	5634	5558

续表

年份	季度	小型家用电器 （small household appliances，SHA）	通信类设备 （IT and telcomms equipment，ITE）	消费量设备 （consumer equipment， CE）
2009	2	5710	6213	6253
2009	3	5477	6561	6150
2009	4	4929	6145	5511
2010	1	5446	6895	6043
2010	2	6438	8154	7376
2010	3	6252	8028	7342
2010	4	4847	6589	6552
2011	1	7611	9128	8375
2011	2	8216	9102	8704
2011	3	8397	8922	8608
2011	4	6750	7654	7071
2012	1	7554	8277	7823
2012	2	8706	8371	8241
2012	3	9125	8771	8530
2012	4	6957	8485	7555
2013	1	7553	7411	7544
2013	2	9523	9249	9097
2013	3	8819	8742	8764
2013	4	7452	7367	7780
2014	1	8122	8224	8510
2014	2	8838	9371	9411
2014	3	8874	9154	9151
2014	4	7177	9240	8047
2015	1	8507	10689	9108
2015	2	9682	12594	10065
2015	3	9584	12560	9994
2015	4	7964	11425	8806

续表

年份	季度	小型家用电器 (small household appliances，SHA)	通信类设备 (IT and telcomms equipment，ITE)	消费量设备 (consumer equipment， CE)
2016	1	9692	13091	10054
2016	2	10436	14431	11689
2016	3	9775	12737	10349
2016	4	8110	11749	8565
2017	1	9150	12290	9707
2017	2	10061	12754	10695
2017	3	9688	12883	10417
2017	4	7804	10636	8721
2018	1	9105	11018	8727
2018	2	10763	12352	10469
2018	3	10212	11478	9198
2018	4	7966	10165	8135
2019	1	9192	10965	9055
2019	2	9563	11744	9471
2019	3	9311	12035	9652
2019	4	7476	10054	7855

4.10.2 在 Excel 设置时间 t 及做出走势图

本书按 8∶2 原则对数据集进行了划分，使用前 80% 数据作为训练集，后 20% 数据作为测试集。即本书使用 2008 年 1 季度～2017 年 2 季度的数据作为训练集（一共 38 个样本），2017 年 3 季度～2019 年 4 季度的数据作为测试集（一共 10 个样本）。

本书按照三体预测法的应用过程构建预测模型：

第一步，在 Excel 工作表中确定时间单位 t，其中 $t=1$ 对应 2008 年

1 季度。

第二步，分别做出 SHA、ITE、CE 回收量和时间 t 之间关系的走势图①，如图 4-34 所示。鸟瞰该图发现，这三种电子产品回收量走势呈波动上升趋势，具有典型的趋势特征叠加波动特征。

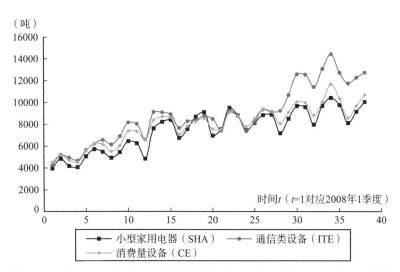

图 4-34　SHA、ITE 和 CE 回收量走势（2008 年 1 季度 ~ 2019 年 4 季度）

第三步，计算 SHA、ITE、CE 的线性趋势方程，三者的 R 平方分别为 0.7557、0.8359、0.8070，表明一元线性预测方程能解释 SHA、ITE、CE 变化的 75.57%、83.59%、80.7%，均未能达到 90%。因此，我们需要采取措施进一步提高预测方程的预测表现。

$$SHA = 147.252t + 4597.932 \quad (R^2 = 0.7557,\ N = 38) \quad (4-13)$$

$$ITE = 214.855t + 4627.674 \quad (R^2 = 0.8359,\ N = 38) \quad (4-14)$$

$$CE = 145.786t + 5103.254 \quad (R^2 = 0.8070,\ N = 38) \quad (4-15)$$

---

① 走势图包含了训练集和测试集。

4.10.3 依据三体预测法构建预测模型

第四步，依据三体预测法，构建 0~1 季节虚拟变量，分别以 SHA、ITE、CE 对 t 和 q_1~q_4 进行回归（q_1~q_4 分别表示季节虚拟变量），并排除其中不显著的虚拟变量。表 4–38 中，加入虚拟变量进行回归后，SHA、ITE、CE 的 R 平方均得到了提升（表明预测方程的性能得到了提升），分别为 0.886、0.875、0.892，仍低于 90%。

表 4–38 引入季节虚拟变量的回收量回归结果

变量说明	变量	SHA	ITE	CE
常数项	_cons	3516. 525 ***	3847. 363 ***	4234. 872 ***
趋势	t	147. 825 ***	215. 030 ***	146. 056 ***
1 季度	q_1	939. 607 ***	—	713. 008 **
2 季度	q_2	1771. 534 ***	1396. 138 **	1516. 580 ***
3 季度	q_3	1506. 371 ***	1001. 988 **	1166. 955 ***
4 季度	q_4	—	—	—
R^2		0.886	0.875	0.892

注：*** $p<1\%$，** $p<5\%$，* $p<10\%$。

接下来我们继续采取措施提高预测方程的预测表现。依据三体预测法，排除不显著虚拟变量后，加入滞后因变量进行多元回归分析，本书为 SHA、ITE 和 CE 的回归模型分别加入了一阶滞后因变量。表 4–39 中，加入一阶滞后因变量后，SHA、ITE 和 CE 的 R 平方得到显著提升，分别为 0.931、0.936 和 0.945，都超过了 90%，据此可以确定相应的预测模型，具体细节如表 4–39 所示。

表 4 – 39   引入一阶滞后因变量的废弃物回收量回归结果

变量说明	变量	SHA	ITE	CE
常数项	_cons	1656. 399 **	2012. 513 **	1707. 242 **
趋势	t	43. 875 *	54. 216 *	43. 908 **
1 季度	q_1	756. 044 **	—	677. 230 **
2 季度	q_2	885. 790 **	—	935. 360 ***
3 季度	q_3	—	– 782. 807 **	—
4 季度	q_4	– 1262. 156 ***	– 1440. 497 ***	– 884. 039 ***
滞后一阶	y_{t-1}	0. 664 ***	0. 727 ***	0. 667 ***
R^2		0. 931	0. 936	0. 945

注：*** p < 1% ，** p < 5% ，* p < 10% 。

根据表 4 – 39 的结果，本书得到了关于 SHA、ITE、CE 的预测模型，分别如下：

$$SHA_t = 43.88t + 756.04q_1 + 885.79q_2 - 1262.16q_4 + 0.66SHA_{t-1} + 1656.4$$

$$(4-16)$$

$$ITE_t = 54.22t - 782.81q_3 - 1440.5q_4 + 0.73ITE_{t-1} + 2012.51$$

$$(4-17)$$

$$CE_t = 43.91t + 677.23q_1 + 935.36q_2 - 884.04q_4 + 0.67CE_{t-1} + 1707.24$$

$$(4-18)$$

4. 10. 4　评估预测方程的预测性能

1）评价标准

本节选取平均绝对误差（MAE）、平均绝对百分比误差（MAPE）、根均方误差（RMSE）三个指标作为评价标准。MAE、MAPE、RMSE 的具体计算公式如下：

$$MAE = \frac{1}{T} \sum_{t=1}^{T} |\hat{x}(t) - x(t)| \qquad (4-19)$$

$$MAPE = \frac{1}{T} \sum_{t=1}^{T} \left| \frac{\hat{x}(t) - x(t)}{x(t)} \right| \times 100\% \qquad (4-20)$$

$$RMSE = \sqrt{\frac{1}{T} \sum_{t=1}^{T} (\hat{x}(t) - x(t))^2} \qquad (4-21)$$

其中，T 代表测试集的长度，$\hat{x}(t)$ 和 $x(t)$ 分别表示 t 时点的电子废弃物预测值和实际值。MAE、MAPE 和 RMSE 的值越小，表明预测值和实际值之间的误差越小，模型也就越精准。

2）评价结果

为了检验三体模型的预测表现，本书把三体模型与 HWA、HWM、SVR、SARIMA 等模型进行比较，具体如表 4-40 所示。在该表中，通过三体模型和其他模型预测结果之间的数据对比可知，除了 CE 的预测精度略微低于 SARIMA 模型之外，三体模型的各项评价指标都是优于其他模型（即 HWA、HWM 和 SVR 模型）的。

表 4-40   关于 SHA、ITE、CE 预测模型的预测性能对比

模型	评价指标								
	MAE			MAPE			RMSE		
	SHA	ITE	CE	SHA (%)	ITE (%)	CE (%)	SHA	ITE	CE
三体模型	693.54	897.20	843.26	8	8	9	771.24	1035.60	966.42
HWA	1113.89	1807.80	1685.89	13	16	19	1350.44	2098.76	1886.76

模型	评价指标								
	MAE			MAPE			RMSE		
	SHA	ITE	CE	SHA (%)	ITE (%)	CE (%)	SHA	ITE	CE
HWM	960.84	2314.35	1557.35	11	21	17	1201.13	3640.79	1759.22
SVR	1113.87	814.98	967.41	12	8	10	1360.45	996.24	1212.47
SARIMA	1225.86	2143.35	572.48	13	19	6	1340.47	2331.90	656.03

4.10.5 稳健性检验

为了确定各种训练样本规模是否会对预测结果产生差异影响，我们对训练集和测试集的规模进行了调整，按照9∶1的原则对数据集进行重新分配。表4-41是调整之后的模型预测结果对比，可以看出三体模型对 SHA 的预测效果明显优于其他模型，对 ITE 和 CE 的预测效果也优于部分模型。上述结果表明，在重新构建训练集和测试集后，三体模型的预测表现并未受到显著影响。相较于其他预测模型，三体模型总体上仍具有优秀的预测表现，预测效果稳健。

表4-41　　　　关于 SHA、ITE、CE 的各模型预测性能对比

产品	模型	评价指标		
		MAE	MAPE（%）	RMSE
SHA	三体模型	514.15	5	579.81
	HWA	1304.78	15	1365.70
	HWM	1154.66	13	1245.84
	SVR	573.97	7	940.05
	SARIMA	1004.99	12	1100.68

产品	模型	评价指标		
		MAE	MAPE（%）	RMSE
ITE	三体模型	538.86	5	641.58
	HWA	381.43	3	544.86
	HWM	566.54	5	684.53
	SVR	691.76	7	855.55
	SARIMA	1088.83	10	1139.73
CE	三体模型	481.55	5	568.75
	HWA	212.92	2	364.70
	HWM	201.43	2	251.40
	SVR	523.29	6	671.50
	SARIMA	324.77	4	351.96

4.11 中国彩色电视机废弃量预测

4.11.1 原始数据

为便于比较预测模型的表现，本书采用的中国彩色电视机（CTS）废弃量数据来自文献［17］。为了简洁起见，本书对我国 CTS 废弃量数据进行四舍五入取整，具体如表 4 - 42 所示。本书使用前 80% 的数据作为训练集，后 20% 的数据作为测试集。

表 4 - 42　　2000 年 1 季度 ~ 2020 年 4 季度我国 CTS 废弃量季度数据

单位：万台

时间	废弃量	时间	废弃量	时间	废弃量	时间	废弃量	时间	废弃量	时间	废弃量
2000 - 1	171	2003 - 3	1137	2007 - 1	1890	2010 - 3	2284	2014 - 1	3105	2017 - 3	4035
2000 - 2	284	2003 - 4	1009	2007 - 2	2103	2010 - 4	2079	2014 - 2	3430	2017 - 4	3857
2000 - 3	516	2004 - 1	1025	2007 - 3	2214	2011 - 1	2229	2014 - 3	3547	2018 - 1	4107
2000 - 4	821	2004 - 2	1215	2007 - 4	2080	2011 - 2	2507	2014 - 4	3230	2018 - 2	4398
2001 - 1	853	2004 - 3	1377	2008 - 1	2038	2011 - 3	2417	2015 - 1	3389	2018 - 3	4370
2001 - 2	947	2004 - 4	1372	2008 - 2	2307	2011 - 4	2409	2015 - 2	3597	2018 - 4	4123
2001 - 3	1107	2005 - 1	1356	2008 - 3	2417	2012 - 1	2665	2015 - 3	3658	2019 - 1	4183
2001 - 4	1025	2005 - 2	1510	2008 - 4	2182	2012 - 2	2883	2015 - 4	3323	2019 - 2	4371
2002 - 1	959	2005 - 3	1634	2009 - 1	2246	2012 - 3	2837	2016 - 1	3479	2019 - 3	4365
2002 - 2	1123	2005 - 4	1674	2009 - 2	2335	2012 - 4	2822	2016 - 2	3813	2019 - 4	4087
2002 - 3	1224	2006 - 1	1690	2009 - 3	2311	2013 - 1	2840	2016 - 3	3934	2020 - 1	4338
2002 - 4	1030	2006 - 2	1878	2009 - 4	1988	2013 - 2	3058	2016 - 4	3704	2020 - 2	4729
2003 - 1	987	2006 - 3	2030	2010 - 1	2033	2013 - 3	3122	2017 - 1	3958	2020 - 3	4988
2003 - 2	1054	2006 - 4	1860	2010 - 2	2231	2013 - 4	2909	2017 - 2	4074	2020 - 4	4786

4.11.2　在 Excel 设置时间 t 及做出走势图

根据表 4 - 42 的数据，本书利用三体模型对彩色电视机的废弃量进行预测研究。本书使用的训练集为 2000 年 1 季度 ~ 2020 年 2 季度。

根据三体预测法，首先确定时间变量 t，做出 t 和因变量之间的走势图。从图 4 - 35 可以看出，我国彩色电视机废弃量的数据波动较小，趋势线能很好地拟合数据。由此可以判断，该时间序列属于青云直上，我们预期，一元线性趋势方程应能解释因变量的大部分变化。

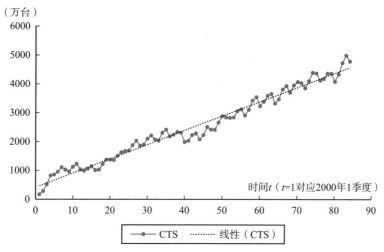

图 4-35　我国彩色电视机废弃量季度数据走势（2000 年 1 季度~2020 年 4 季度）

其次，利用 Stata 软件做回归，得出 CTS 的线性趋势方程，即式（4-22），其中 R 平方为 0.9584（大于 90%），表明一元线性预测方程可以解释电视机废弃量 95.84% 的变化。由此我们可以直接确定最终预测模型，并对 CTS 进行预测。

$$CTS = 46.877t + 478.685 \quad (R^2 = 0.9584，\ N = 68) \quad (4-22)$$

4.11.3　评估预测方程的预测性能

1）评价标准

本节选取平均绝对误差（MAE）、平均绝对百分比误差（MAPE）、根均方误差（RMSE）三个指标作为评价标准。MAE、MAPE、RMSE 的具体计算公式见本章第 4.10 节：式（4-19），式（4-20），式（4-21）。

2）评价结果

为了检验三体模型的预测表现，本书把三体模型与 HWA、HWM、SVR、SARIMA 等模型进行比较。表 4 - 43 中，三体模型、HWA、HWM 和 SVR 模型的预测表现相当，MAPE 处于 3% ~ 5%，预测精确度很高。三体模型相较于 SARIMA 模型而言，具有更好的预测表现，三体模型的 MAPE 为 5%，SARIMA 的为 8%。

表 4 - 43　　　　　我国彩色电视机废弃量预测模型性能比较

模型	评价指标		
	MAE	MAPE（%）	RMSE
三体模型	251.12	5	282.27
HWA	139.59	3	182.68
HWM	188.74	4	220.02
SVR	201.78	5	240.71
SARIMA	349.40	8	397.49

4.11.4 稳健性检验

为了确定各种训练样本规模是否会对预测结果产生差异影响，本书对训练集和测试集的规模进行了调整，按照 9∶1 的原则对数据集进行重新分配。表 4 - 44 是调整之后的模型预测结果对比，可以看出三体模型的预测效果明显优于其他模型。上述结果表明，在重新构建训练集和测试集后，三体模型的预测表现并未受到显著影响。相较于其他预测模型，三体模型总体上仍具有优秀的预测表现，预测效果稳健。

表 4 - 44 关于 CTS 的各模型预测性能对比

产品	模型	评价指标		
		MAE	MAPE（%）	RMSE
CTS	三体模型	198.93	4	253.49
	HWA	398.45	9	431.77
	HWM	394.69	9	445.03
	SVR	409.21	10	469.15
	SARIMA	664.04	16	753.78

4.12 江苏省生活垃圾清运量预测

4.12.1 原始数据

李惠等（2022）基于参数组合优化构建了灰色系统预测模型，并应用该模型对江苏省生活垃圾清运量进行了预测研究[18]。为了检验三体模型的泛化能力，本书拟应用三体预测法对 2004 ~ 2018 年江苏省生活垃圾清运量进行预测研究。表 4 - 45 列出了 2004 ~ 2018 年江苏省生活垃圾清运量年度数据。

表 4 - 45 2004 ~ 2018 年江苏省生活垃圾清运量年度数据 单位：万吨

项目	2004 年	2005 年	2006 年	2007 年	2008 年	2009 年	2010 年	2011 年
时间 t	1	2	3	4	5	6	7	8
垃圾清运量	817.7	834.8	851.3	898.4	934.5	957.3	1017.1	1119.8

项目	2012 年	2013 年	2014 年	2015 年	2016 年	2017 年	2018 年	—
时间 t	9	10	11	12	13	14	15	—
垃圾清运量	1210.1	1202.7	1352.4	1456.1	1562.3	1734.7	1718.0	—

4.12.2 在 Excel 设置时间 t 及做出散点图

根据表 4 - 45 的数据，本书利用三体模型对江苏省生活垃圾清运量年度数据进行预测研究。本书使用的训练集为 2004 ~ 2018 年。

根据三体预测法，首先确定时间变量 t（$t = 1$ 对应 2004 年，t 按步长 1 增加，$t = 15$ 对应 2018 年），而后做出反映 t 和垃圾清运量之间关系的散点图及趋势线，详情如图 4 - 36 所示。

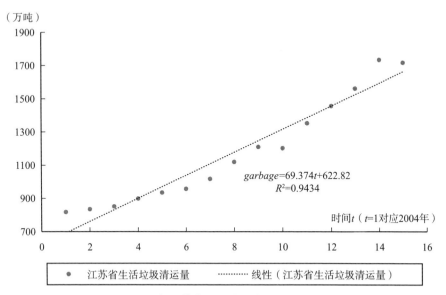

图 4 - 36　2004 ~ 2018 年江苏省生活垃圾清运量年度数据散点及趋势线

从图 4-36 可见，一元线性趋势方程的 R 平方高达 0.9434，这意味着该线性方程可以解释生活垃圾清运量年度数据大约 94% 的变化。根据模型最终确定准则，R 平方大于 90%，符合决策准则；从实践而言，94% 的解释力足以满足现实需要。因此，式（4-23）是一个令人满意的预测方程。

$$garbage = 69.374t + 622.82 \quad (R^2 = 0.9434, N = 15) \quad (4-23)$$

4.12.3 评估预测方程的预测性能

为了检验三体模型的预测表现，本书把三体模型与 MCMGM(1, N) 模型（参考文献 [18]）进行比较。我们选取 2019 年和 2020 年的江苏省生活垃圾清运量作为测试集。

对于 2019 年的测试数据，令式（4-23）的 t 取值 16，得 2019 年江苏省生活垃圾清运量预测值为 1732.8 万吨。

对于 2020 年的测试数据，令式（4-23）的 t 取值 17，得 2020 年江苏省生活垃圾清运量预测值为 1802.2 万吨。

关于 MCMGM(1, N) 模型对 2019 年和 2020 年江苏省生活垃圾清运量的预测值，我们直接引用文献 [18] 的。

综上，我们得到表 4-46。从表中可见，就平均相对预测误差这个评价指标而言，三体模型为 3.89%，而 MCMGM(1, N) 为 4.72%。很显然，三体模型具有更佳的预测表现。而且，式（4-23）是简洁的，优美的。

表 4 – 46   三体模型和 MCMGM（1，N）模型的预测性能比较

实际值，预测值，预测误差		2019 年	2020 年
生活垃圾清运量实际值（万吨）		1870.5	1809.6
三体模型	预测值（万吨）	1732.8	1802.2
	相对预测误差（%）	7.36	0.41
	平均相对预测误差（%）	3.89	
MCMGM（1，N）模型	预测值（万吨）	1770	1883
	相对预测误差（%）	5.37	4.06
	平均相对预测误差（%）	4.72	

根据式（4 – 23），我们给出了 2021～2028 年江苏省生活垃圾清运量的预测值，详情如表 4 – 47 所示。

表 4 – 47   **2021～2028 年江苏省生活垃圾清运量的预测值**   单位：万吨

项目	2021 年	2022 年	2023 年	2024 年	2025 年	2026 年	2027 年	2028 年
时间 t	18	19	20	21	22	23	24	25
预测值	1871.6	1940.9	2010.3	2079.7	2149.0	2218.4	2287.8	2357.2

4.13　海南省生活垃圾清运量预测

4.13.1　原始数据

海南岛环境优美，空气质量水平位居全国前列，所谓"碧海连天

远，琼崖尽是春"。海南省要建设具有全球吸引力和竞争力的自由贸易港，需要在制度、服务、环境等方面全方位改进及提升，需要发展绿色经济和循环经济，实现可持续发展。

生活垃圾处理与人民群众日常生活息息相关，因此做好生活垃圾处理工作，是一项有意义的工作。本节拟使用海南省环境相关年度数据，来检验三体模型的泛化能力和三体预测法的预测表现。表 4 - 48 列出了 2004～2018 年海南省生活垃圾清运量数据。

表 4 - 48　　　　　　2004～2018 年海南省生活垃圾清运量年度数据　　　　单位：万吨

项目	2004 年	2005 年	2006 年	2007 年	2008 年	2009 年	2010 年	2011 年
时间 t	1	2	3	4	5	6	7	8
垃圾清运量	82.2	81.2	50.59	87.81	84.75	88.74	97.66	113.58
项目	2012 年	2013 年	2014 年	2015 年	2016 年	2017 年	2018 年	—
时间 t	9	10	11	12	13	14	15	—
垃圾清运量	110.18	125.29	144.21	160.06	188.69	213.06	222.41	—

4.13.2　在 Excel 设置时间 t 及做出走势图

根据表 4 - 48 的数据，本书利用三体模型对海南省生活垃圾清运量年度数据进行预测研究。本书使用的训练集为 2004～2018 年。

根据三体预测法，首先确定时间变量 t（$t = 1$ 对应 2004 年，t 按步长 1 增加，$t = 15$ 对应 2018 年），而后做出反映 t 和垃圾清运量之间关系的走势图及趋势线，详情如图 4 - 37 所示。

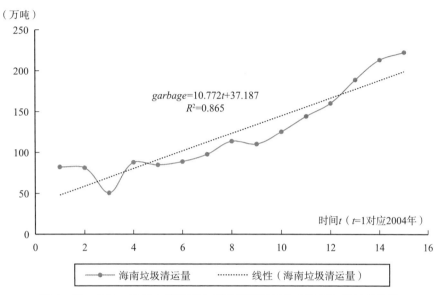

（万吨）

$garbage=10.772t+37.187$
$R^2=0.865$

时间t（$t=1$对应2004年）

●—— 海南垃圾清运量 ········· 线性（海南垃圾清运量）

图 4 - 37 2004~2018 年海南省生活垃圾清运量年度数据走势及趋势线

从图 4 - 37 可见，一元线性趋势方程的 R 平方达到了 0. 865，说明该方程可以解释因变量大约87%的变化，然而未能符合 R 平方达到或超过90%的决策准则。依据三体预测法的应用程序，我们考虑采取进一步措施提高预测模型的预测表现。

4. 13. 3 依据三体预测法构建预测模型

在图 4 - 37 所示的一元线性方程中，我们依据三体预测法的应用程序，加入滞后一阶因变量，然后进行回归，结果如图 4 - 38 所示。

```
regress garbage t L1.garbage in 1/15
```

Source	SS	df	MS			
				Number of obs	=	14
				F(2, 11)	=	90.49
Model	33696.9474	2	16848.4737	Prob > F	=	0.0000
Residual	2048.07385	11	186.188531	R-squared	=	0.9427
				Adj R-squared	=	0.9323
Total	35745.0212	13	2749.61702	Root MSE	=	13.645

garbage	Coef.	Std. Err.	t	P>|t|	[95% Conf. Interval]	
t	6.067703	2.260131	2.68	0.021	1.093188	11.04222
garbage L1.	.5837462	.2072755	2.82	0.017	.1275359	1.039956
_cons	6.844495	10.70791	0.64	0.536	-16.72345	30.41244

图 4 - 38　加入滞后一阶因变量后的回归结果

注：Stata 回归命令在图中左上角。

从图 4 - 38 可见，R 平方高达 0.9427，符合大于 0.9 这个决策准则。而自变量 t 和滞后一阶因变量的 P 值在统计上均显著，均达到了 5% 的显著水平。综上，图 4 - 38 所示的预测模型是令人满意的，是符合实践需要的。

$$garbage_t = 6.068t + 0.584 garbage_{t-1} + 6.844 \quad (R^2 = 0.9427, \ N = 14)$$

$$(4 - 24)$$

4.13.4　评估预测方程的预测性能

利用式（4 - 24）这个预测方程，我们对 2019 年和 2020 年海南省垃圾清运量进行预测，并把预测值与实际值进行比较，结果如表 4 - 49 所示。在该表中，2019 年、2020 年的相对预测误差分别为 8.85%、2.39%，两年的平均相对预测误差为 5.62%。总体而言，预测误差较小，预测模型表现优秀。

表4-49　　　2019~2020年海南垃圾清运量预测值和实际值对比

实际值，预测值，预测误差	2019 年	2020 年
生活垃圾清运量实际值（万吨）	256. 45	253. 64
预测值（万吨）	233. 76	259. 70
相对预测误差（%）	8. 85	2. 39
平均相对预测误差（%）	5. 62	

4.14 大连港和天津港货物年度吞吐量预测

4.14.1 原始数据

鲁渤等（2018）通过构建动态惩罚支持向量机回归模型对1980~2014年大连港和天津港年货物吞吐量进行了预测研究[19]。为了检验三体模型的泛化能力和预测表现，我们拟使用与该文同样的数据集开展预测研究。本书通过相关的政府网站、行业网站和数据库，获取了1980~2014年大连港和天津港年货物吞吐量数据，详情如表4-50和表4-51所示。

表4-50　　　　　　　　1980~2014年大连港年货物吞吐量　　　　　单位：万吨

年份	货物吞吐量	年份	货物吞吐量	年份	货物吞吐量	年份	货物吞吐量	年份	货物吞吐量
1980	3263	1982	3402	1984	4016	1986	4429	1988	4853
1981	3308	1983	3520	1985	4381	1987	4610	1989	5092

续表

年份	货物吞吐量	年份	货物吞吐量	年份	货物吞吐量	年份	货物吞吐量	年份	货物吞吐量
1990	4952	1995	6417	2000	9084	2005	17085	2010	31399
1991	5472	1996	6427	2001	10047	2006	20046	2011	33691
1992	5909	1997	7044	2002	10851	2007	22286	2012	37426
1993	5959	1998	7515	2003	12602	2008	24588	2013	40746
1994	6212	1999	8505	2004	14516	2009	27203	2014	42337

表 4 - 51　　　　　　　　　1980 ~ 2014 年天津港年货物吞吐量　　　　　　单位：万吨

年份	货物吞吐量	年份	货物吞吐量	年份	货物吞吐量	年份	货物吞吐量	年份	货物吞吐量
1980	1192	1987	1725	1994	4652	2001	11369	2008	35593
1981	1175	1988	2109	1995	5787	2002	12906	2009	38111
1982	1287	1989	2437	1996	6188	2003	16182	2010	41325
1983	1506	1990	2063	1997	6789	2004	20619	2011	45338
1984	1611	1991	2378	1998	6818	2005	24069	2012	47697
1985	1856	1992	2929	1999	7298	2006	25760	2013	50063
1986	1818	1993	3719	2000	9566	2007	30946	2014	54002

4. 14. 2　在 Excel 设置时间 t 及做出走势图

根据表 4 - 50 和表 4 - 51，我们分别在 Excel 中设置时间 t（$t = 1$ 对应 1980 年，t 按步长 1 增加 $t = 35$ 对应 2014 年），然后以 t 为横坐标，以年货物吞吐量为纵坐标，分别做出 1980 ~ 2014 年大连港和天津港年货物吞吐量走势图，详情如图 4 - 39 和图 4 - 40 所示。

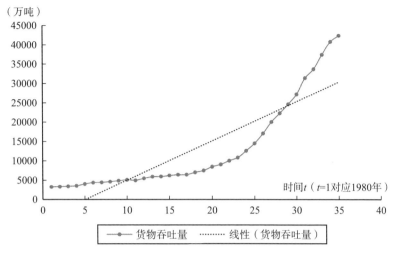

图 4 − 39　1980 ~ 2014 年大连港货物吞吐量年度数据走势

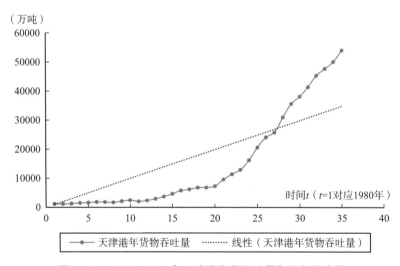

图 4 − 40　1980 ~ 2014 年天津港货物吞吐量年度数据走势

通过鸟瞰图 4 − 39 和图 4 − 40，可以发现下述若干特点：（1）两者走势高度相似；（2）大量数据点偏离趋势线很远，变动幅度较大；（3）大连港和天津港的时间序列均为年度数据结构，由此不能像月度或季度时间序列那样采用月份或季节虚拟变量来捕捉波动效应。

根据上述特点分析，我们由此判断，一个"好"的预测模型应该
能够高效地追踪各个数据点的变化。因此"形影不离"时间序列类别
的处理方式，应该适合大连港和天津港的时间序列（见本书第 2 章第
2.2 节）。

4.14.3 依据三体预测法构建预测模型

根据本书归纳的三体模型和三体预测法，我们利用 1980～2009 年
大连港和天津港年货物吞吐量作为训练集（一共 30 个样本观察值），
估计出有效的预测模型具体形式，如图 4－41 和图 4－42 所示。在三体
模型表达式中，我们把描述趋势和波动效应的变量结构去掉，直接使用
描述惯性效应的变量组成来构建预测方程，即使用"影子变量"来捕
捉"形体变动"，以期做到"形影不离"。

```
regress cargo L1.cargo L2.cargo in 1/30

    Source |       SS           df       MS            Number of obs   =        28
           |                                           F(2, 25)        =   4610.19
     Model | 1.2299e+09          2    614962535        Prob > F        =    0.0000
  Residual | 3334803.41         25   133392.136        R-squared       =    0.9973
           |                                           Adj R-squared   =    0.9971
     Total | 1.2333e+09         27   45676291.6        Root MSE        =    365.23


     cargo |      Coef.    Std. Err.       t     P>|t|     [95% Conf. Interval]

     cargo |
       L1. |    1.58965    .1906419      8.34    0.000     1.197016    1.982285
       L2. |  -.5176553    .2209097     -2.34    0.027    -.9726274   -.0626832
           |
     _cons |   -165.999    158.2248     -1.05    0.304     -491.869     159.871
```

图 4－41　1980～2009 年大连港货物吞吐量年度数据回归结果

注：Stata 回归命令在图中左上角。

```
regress cargo L1.cargo in 1/30
```

Source	SS	df	MS		Number of obs	=	29
					F(1, 27)	=	4000.84
Model	3.3856e+09	1	3.3856e+09		Prob > F	=	0.0000
Residual	22847939.8	27	846219.994		R-squared	=	0.9933
					Adj R-squared	=	0.9930
Total	3.4084e+09	28	121730004		Root MSE	=	919.9

cargo	Coef.	Std. Err.	t	P>|t|	[95% Conf. Interval]	
cargo						
L1.	1.130958	.0178801	63.25	0.000	1.094271	1.167645
_cons	133.5185	231.0564	0.58	0.568	-340.5701	607.6071

图 4 – 42   1980 ~ 2009 年天津港货物吞吐量年度数据回归结果

注：Stata 回归命令在图中左上角。

根据图 4 – 41 和图 4 – 42，我们得到了大连港和天津港的时间序列预测方程（$t = 1$ 对应 1980 年，t 步长为 1，$t = 30$ 对应 2009 年）：

$$大连港：cargo_t = 1.59 cargo_{t-1} - 0.52 cargo_{t-2} - 166 \quad (4-25)$$

$$天津港：cargo_t = 1.13 cargo_{t-1} + 133.52 \quad (4-26)$$

式（4 – 25）和式（4 – 26）均属于简洁优美的预测方程。从图 4 – 41 和图 4 – 42 可见，R 平方均超 0.99，这意味着很高的预测精确度，即预测方程能解释货物吞吐量大约 99% 的变化。

4.14.4   评估预测方程的预测性能

为了检验预测模型的预测表现，我们利用 2010 ~ 2014 年大连港和天津港的年货物吞吐量作为测试集，得到表 4 – 52。

表 4 - 52　　2010 ~ 2014 年大连港、天津港年货物吞吐量预测值、

实际值和预测误差

货物吞吐量	2010 年	2011 年	2012 年	2013 年	2014 年
大连港预测值（万吨）	30349	35666	37137	41888	45232
大连港实际值（万吨）	31399	33691	37426	40746	42337
相对预测误差（%）	3.34	5.86	0.77	2.80	6.84
平均相对预测误差（%）	3.92				
天津港预测值（万吨）	43235	46870	51409	54077	56753
天津港实际值（万吨）	41325	45338	47697	50063	54002
相对预测误差（%）	4.62	3.38	7.78	8.02	5.09
平均相对预测误差（%）	5.78				

从表 4 - 52 可见，预测值的准确度很高，相对预测误差较小。就大连港而言，相对预测误差位于区间 [0.7%，7.0%]，平均相对预测误差只有 3.92%。就天津港而言，相对预测误差位于区间 [3.3%，8.1%]，平均相对预测误差只有 5.78%。

以上比较表明，预测方程式（4 - 25）和式（4 - 26）具有优秀的预测性能，且简洁优美。

为了便于直观比较 2010 ~ 2014 年大连港和天津港货物吞吐量的实际值和预测值，我们把表 4 - 52 的实际值和预测值进行了可视化，详情如图 4 - 43 和图 4 - 44 所示。

（万吨）

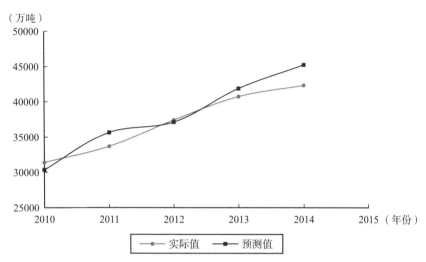

图 4 - 43　2010～2014 年大连港货物吞吐量年度数据实际值和预测值走势

（万吨）

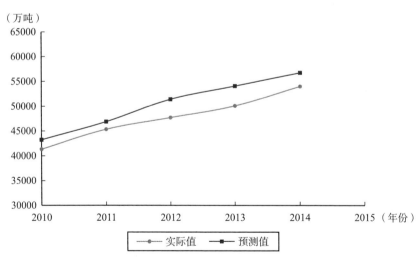

图 4 - 44　2010～2014 年天津港货物吞吐量年度数据实际值和预测值走势

4.15 中国五大港口集装箱月度吞吐量预测

4.15.1 原始数据

在我国的港口分布中，上海港、广州港、深圳港、厦门港、大连港、天津港、宁波港、舟山港、连云港、海口港等，均为重要港口。肖进等（2022）提出了 HMSD 预测模型并使用该模型对 2005 年 1 月 ~ 2020 年 12 月中国五大港口（上海港、广州港、深圳港、厦门港、大连港）集装箱月吞吐量进行了预测研究[21]。为了检测三体模型的预测表现，本书使用与该文同样的建模数据进行预测研究。本书通过相关的政府网站、行业网站和数据库，获取了相关数据，详情见附录 1。

4.15.2 在 Excel 设置时间 t 及做出走势图

根据三体预测法，首先确定时间变量 t（$t=1$ 对应 2005 年 1 月，t 按步长 1 增加，$t=204$ 对应 2021 年 12 月），然后做出反映 t 和集装箱吞吐量之间关系的走势图及趋势线，详情分别如图 4 - 45 ~ 图 4 - 49 所示。

图 4 - 45 展示了上海港集装箱月吞吐量走势图及趋势线。从中可见，该时间序列类别属于一江春水向东流。

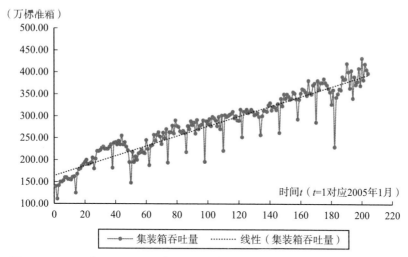

图 4 – 45 2005 年 1 月 ~ 2021 年 12 月上海港集装箱月度吞吐量走势及趋势线

图 4 – 46 展示了广州港集装箱月吞吐量走势图及趋势线。从中可见，该时间序列类别属于青云直上或一江春水向东流。

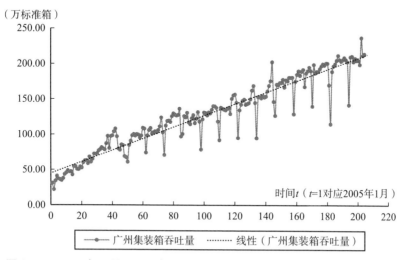

图 4 – 46 2005 年 1 月 ~ 2021 年 12 月广州港集装箱月度吞吐量走势及趋势线

图 4-47 展示了厦门港集装箱月吞吐量走势图及趋势线。从中可见，该时间序列类别青云直上或属于一江春水向东流。

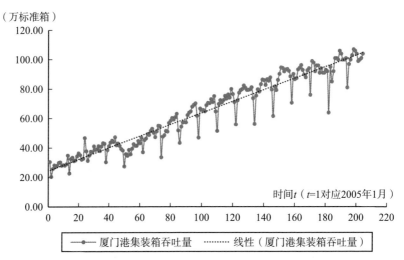

图 4-47　2005 年 1 月~2021 年 12 月厦门港集装箱月度吞吐量走势及趋势线

图 4-48 展示了深圳港月集装箱吞吐量走势图及趋势线。从中可见，该时间序列走势叠加了趋势、波动和惯性三种特征。

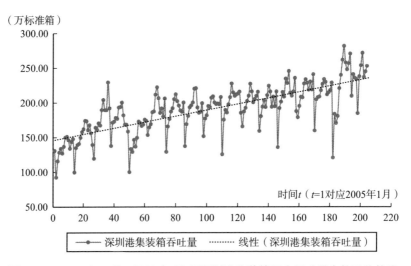

图 4-48　2005 年 1 月~2021 年 12 月深圳港集装箱月度吞吐量走势及趋势线

图 4 -49 展示了大连港集装箱月吞吐量走势图及趋势线。从中可见，该时间序列属于形影不离。

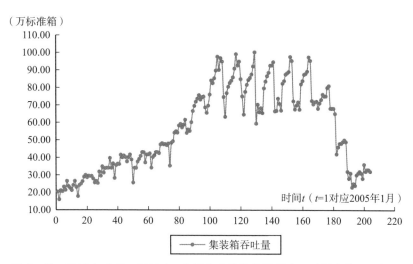

图 4 –49　2005 年 1 月～2021 年 12 月大连港集装箱月度吞吐量走势及趋势线

根据附录 1 的数据，本书利用三体模型对中国五大港口集装箱吞吐量月度数据进行预测研究。本书使用的训练集与文献［21］相同，即以 2005 年 1 月～2018 年 12 月的时间序列数据作为训练集。

按照三体预测法的应用过程，我们设置时间单位 t（$t = 1$ 对应 2005年 1 月，t 按步长 1 递增，$t = 168$ 对应 2018 年 12 月），使用 Stata 软件做出关于上海港、广州港、厦门港以及深圳港的集装箱吞吐量 TEU 和时间 t 的一元回归方程，细节如下（单位：万标准箱）：

上海港：$TEU = 1.1436t + 163.097$（$R^2 = 0.87$，$N = 168$）　　（4 – 27）

广州港：$TEU = 0.8298t + 44.135$（$R^2 = 0.89$，$N = 168$）　　（4 – 28）

厦门港：$TEU = 0.4118t + 23.248$（$R^2 = 0.92$，$N = 168$）　　（4 – 29）

深圳港：$TEU = 0.4495t + 145.315$（$R^2 = 0.50$，$N = 168$）　　（4 – 30）

从实际需要而言，式（4-29）的 R 平方高达 92%，足以满足预测要求，且预测方程简洁优美。式（4-27）、式（4-28）的 R 平方分别为 0.87、0.89，接近 0.9。式（4-30）中，深圳港预测方程的 R 平方仅为 0.50，无法满足实际预测需要，需要着重改善，使 R 平方提高到 0.9 或以上。

考虑到每月集装箱吞吐量是万标准箱级别，故预测准确度提高几个百分点，现实意义较为重要。因此，对于上述四个一元线性预测方程，我们都会根据三体模型和三体预测法，做出具有更佳预测表现的预测方程[1]。

4.15.3 依据三体预测法构建预测模型

按照三体预测法的应用过程，我们设置了一共 12 个月份的虚拟变量（以 $m_1 \sim m_{12}$ 表示），把集装箱吞吐量 TEU 对 t 和 $m_1 \sim m_{12}$ 进行初步回归，得到初步结果后，删除不显著的统计量，必要时加入滞后因变量，然后再进行回归，最终得到表 4-53。

表 4-53　2005~2018 年国内五大港口集装箱月吞吐量预测方程

变量说明 (1)	变量 (2)	上海港 (3)	广州港 (4)	厦门港 (5)	深圳港 (6)	大连港 (7)
常数项	_cons	78.273 ***	48.156 ***	25.986 ***	27.383 ***	3.029 **
趋势	t	0.513 ***	0.823 ***	0.408 ***	0.097 ***	—
1 月	m_1	—	-7.959 ***	-2.693 **	15.379 ***	

---

[1]　大连港的时间序列类别具有下述特征：上升→横盘→下降，所以做出以 t 为自变量的一元线性趋势方程意义不大。

续表

变量说明(1)	变量(2)	上海港(3)	广州港(4)	厦门港(5)	深圳港(6)	大连港(7)
2 月	m_2	−55.759 ***	−33.332 ***	−16.536 ***	−40.264 ***	—
3 月	m_3	28.958 ***	—	−3.956 ***	—	—
4 月	m_4	—	—	−3.123 ***	23.795 ***	—
5 月	m_5	—	—	−2.441 **	18.843 ***	—
6 月	m_6	—	—	—	11.817 ***	—
7 月	m_7	—	—	—	20.732 ***	—
8 月	m_8	—	—	—	26.740 ***	—
9 月	m_9	—	—	—	15.976 ***	—
10 月	m_{10}	—	—	—	—	—
11 月	m_{11}	—	—	—	—	—
12 月	m_{12}	—	—	—	11.135 ***	—
滞后一阶	TEU_{t-1}	0.544 ***	—	—	0.348 ***	0.953 ***
滞后二阶	TEU_{t-2}	—	—	—	0.414 ***	—
滞后三阶	TEU_{t-3}	—	—	—	—	—
R^2		0.96	0.94	0.96	0.89	0.92

注：1. *** p<1%，** p<5%，* p<10%。
2. 上海港回归结果的 Stata 命令：regress teu t m2 m3 L1. teu in 1/168。
3. 广州港回归结果的 Stata 命令：regress teu t m1 m2 in 1/168。
4. 厦门港回归结果的 Stata 命令：regress teu t m1 m2 m3 m4 m5 in 1/168。
5. 深圳港回归结果的 Stata 命令：regress teu t m1 m2 m4 − m9 m12 L1. teu L2. teu in 1/168。
6. 大连港回归结果的 Stata 命令：regress teu L1. teu in 1/168。

从表4-53可见，上海港、广州港、厦门港和大连港的 R 平方均达到或超过 0.92，且各自的预测方程均足够简洁，其中大连港、广州港和上海港的预测方程尤其简洁，分别如下：

$$大连港：TEU_t = 0.953TEU_{t-1} + 3.029 \qquad (4-31)$$

$$广州港：TEU_t = 0.823t - 7.959m_1 - 33.332m_2 + 48.156 \qquad (4-32)$$

上海港：$TEU_t = 0.544TEU_{t-1} + 0.513t - 55.759m_2 + 28.958m_3 + 78.273$

$$(4-33)$$

在表 4-62 中，深圳港的预测方程比厦门港的复杂些许，R 平方达到了 0.89，接近 0.9，从实践角度而言，基本能够满足需要。

4.15.4 评估预测方程的预测性能

我们以 2019 年 1 月～2020 年 12 月五大港口集装箱吞吐量月度数据作为测试集，检验表 4-53 中各个预测方程的预测表现。

在表 4-54 中，2019 年和 2020 年上海港集装箱货物吞吐量的平均相对预测误差分别为 4.19% 和 8.03%，两年平均值为 6.11%。显然，这是很高预测精确度，结果令人满意（注意到 2020 年 2 月预测误差高达 32.06%，这很可能是新冠疫情冲击引起的）。

表 4-54　　2019～2020 年上海港集装箱每月吞吐量实际值、预测值及预测误差

项目	1 月	2 月	3 月	4 月	5 月	6 月	7 月	8 月	9 月	10 月	11 月	12 月
2019 年实际值（万标准箱）	375	286	381	361	376	376	385	376	371	363	355	327
2019 年预测值（万标准箱）	369	318	340	378	359	373	373	382	373	369	361	353
预测误差（%）	1.70	11.27	10.83	4.79	4.53	0.67	2.99	1.64	0.67	1.55	1.67	8.01
2020 年实际值（万标准箱）	360	230	343	351	362	360	390	384	385	420	401	364
2020 年预测值（万标准箱）	326	304	286	342	349	360	358	387	381	382	416	398
预测误差（%）	9.40	32.06	16.72	2.68	3.50	0.01	8.20	0.78	0.99	9.01	3.73	9.23

在表 4 – 55 中，2019 年和 2020 年广州港集装箱货物吞吐量的平均相对预测误差分别为 3.09% 和 5.99%，两年平均值为 4.54%。显然，这是很高预测精确度，结果令人满意（注意到 2020 年 2 月预测误差高达 43.13%，这很可能是新冠疫情冲击引起的）。

表 4 – 55　　2019 ~ 2020 年广州港集装箱每月吞吐量实际值、预测值及预测误差

项目	1 月	2 月	3 月	4 月	5 月	6 月	7 月	8 月	9 月	10 月	11 月	12 月
2019 年实际值（万标准箱）	190	140	199	187	189	189	193	197	200	198	201	201
2019 年预测值（万标准箱）	179	155	189	190	191	191	192	193	194	195	195	196
预测误差（%）	5.64	10.52	5.08	1.45	0.81	1.24	0.43	2.03	3.09	1.70	2.75	2.34
2020 年实际值（万标准箱）	170	115	189	197	200	205	212	206	204	206	209	206
2020 年预测值（万标准箱）	189	165	199	200	200	201	202	203	204	205	205	206
预测误差（%）	11.27	43.13	5.16	1.31	0.20	1.84	4.69	1.52	0.15	0.72	1.75	0.08

在表 4 – 56 中，2019 年和 2020 年厦门港集装箱货物吞吐量的平均相对预测误差分别为 4.81% 和 6.41%，两年平均值为 5.64%。显然，这是很高预测精确度，结果令人满意（注意到 2020 年 2 月预测误差高达 30.73%，这很可能是新冠疫情冲击引起的）。

表 4 – 56　　2019 ~ 2020 年厦门港集装箱每月吞吐量实际值、预测值及预测误差

项目	1 月	2 月	3 月	4 月	5 月	6 月	7 月	8 月	9 月	10 月	11 月	12 月
2019 年实际值（万标准箱）	94	76	99	98	92	96	96	91	94	91	91	93

续表

项目	1月	2月	3月	4月	5月	6月	7月	8月	9月	10月	11月	12月
2019年预测值（万标准箱）	92	79	92	93	94	97	97	98	98	99	99	99
预测误差（%）	1.91	3.65	7.31	5.10	2.27	0.98	1.40	7.42	4.43	8.32	8.77	6.87
2020年实际值（万标准箱）	92	64	95	85	92	101	101	100	106	104	100	100
2020年预测值（万标准箱）	97	84	97	98	99	102	102	103	103	103	104	104
预测误差（%）	5.54	30.73	1.74	15.17	7.59	0.82	1.23	2.65	2.78	0.52	3.87	4.28

在表4-57中，2019年和2020年深圳港集装箱货物吞吐量的平均相对预测误差分别为3.11%和9.16%，两年平均值为6.14%。显然，这是很高预测精确度，结果令人满意（注意到2020年2月预测误差高达44.45%，这很可能是新冠疫情冲击引起的）。

表4-57 2019～2020年深圳港集装箱每月吞吐量实际值、预测值及预测误差

项目	1月	2月	3月	4月	5月	6月	7月	8月	9月	10月	11月	12月
2019年实际值（万标准箱）	241	160	205	208	209	218	227	234	230	212	215	218
2019年预测值（万标准箱）	231	178	200	205	220	215	228	241	236	222	214	219
预测误差（%）	4.20	11.40	2.68	1.20	5.42	1.38	0.24	2.78	2.61	4.55	0.55	0.29
2020年实际值（万标准箱）	229	121	184	171	181	221	240	262	282	258	248	257
2020年预测值（万标准箱）	225	175	182	183	200	191	218	247	252	252	253	250
预测误差（%）	1.63	44.45	1.01	7.13	10.46	13.53	9.10	5.56	10.53	2.13	1.83	2.59

在表 4 - 58 中，2019 年和 2020 年大连港集装箱货物吞吐量的平均相对预测误差分别为 3.93% 和 16.23%，两年平均值为 10.08%。这个预测精确度较高，基本令人满意（注意到 2020 年 2 月预测误差高达 54.68%，这很可能是新冠疫情冲击引起的；而 2020 年 9 月、12 月的预测误差高达 55.37%、41.60%，其背后原因需要进一步研究或实地调研，方能确定）。

表 4 - 58　　2019～2020 年大连港集装箱每月吞吐量实际值、预测值及预测误差

项目	1 月	2 月	3 月	4 月	5 月	6 月	7 月	8 月	9 月	10 月	11 月	12 月
2019 年实际值（万标准箱）	72	68	71	73	76	75	75	80	81	68	68	68
2019 年预测值（万标准箱）	71	72	68	71	73	75	74	74	79	80	68	68
预测误差（%）	0.94	5.34	4.47	3.18	4.49	0.59	0.68	6.88	2.15	17.96	0.26	0.26
2020 年实际值（万标准箱）	65	42	46	48	48	49	50	49	32	28	31	23
2020 年预测值（万标准箱）	68	65	43	47	49	49	50	51	50	34	30	33
预测误差（%）	4.34	54.68	6.42	2.37	1.60	0.48	0.56	3.41	55.37	19.72	4.16	41.60

4.16　海口港货物吞吐量月度数据预测

4.16.1　原始数据

习近平总书记在海南建省办经济特区 30 周年发表了"4·13 重要

讲话"，宣布中央支持海南建设自由贸易港。在海南省自由贸易港建设规划蓝图中，港口建设发展是重要增长极。在海南省港口货物吞吐量排行榜中，海口港、洋浦港、八所港、三亚港和清澜港位居前列。

为了检测三体模型的预测表现，本书使用海口港货物吞吐量月度数据进行预测研究。本书通过相关的政府网站、行业网站和数据库，获取了相关数据，详情如表4-59所示。

表4-59　　2019年1月~2021年12月海口港货物吞吐量月度数据　　单位：万吨

年份	1月	2月	3月	4月	5月	6月	7月	8月	9月	10月	11月	12月
2019	1102	1166	1165	1209	1058	925	908	905	866	924	985	1233
2020	888	664	1080	1162	1176	1016	1031	956	964	937	970	1038
2021	1043	735	1178	1318	1317	1008	935	910	890	830	975	1020

4.16.2　在Excel设置时间 t 及做出走势图

由于海口港货物吞吐量月度数据样本量较少（总共36个），为了更好地鸟瞰全景，我们考虑使用全部数据集合做出走势图。依据三体预测法的应用程序，本书设置时间单位 t（$t=1$ 对应2019年1月，t 按步长1递增，$t=36$ 对应2021年12月），做出海口港货物吞吐量月度数据和时间 t 之间关系的走势，如图4-50所示。

从图4-50可见，海口港货物吞吐量月度数据走势图波动幅度较大，以均值900为中心线做 $\pm30\%$ 的幅度波动。

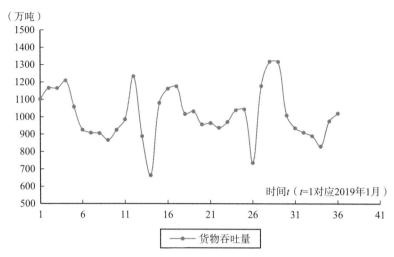

图 4-50　2019 年 1 月～2021 年 12 月海口港货物吞吐量月度数据走势

4.16.3　依据三体预测法构建预测模型

本书使用的训练集为 2019 年 1 月～2021 年 6 月的数据，一共 30 个样本观察值。鸟瞰图 4-50 走势，发现它大概属于形影不离这种时间序列类别，因此我们首先尝试在预测模型中考虑滞后项，以便通过"影子"来有效捕捉"形体"。

依据三体模型及三体预测法，我们使用因变量对滞后一阶项和二阶项因变量进行回归，得到图 4-51。从图中可见，滞后一阶项和二阶项因变量的回归系数在统计上均显著（P 值分别为 0.025 和 0.085，都小于 0.10），然而候选预测方程的 R 平方仅有 0.2099，远低于 0.90。

```
reg cargo L1.cargo L2.cargo  in 1/30

    Source |      SS          df       MS          Number of obs  =        28
           |                                       F(2, 25)       =      3.32
     Model | 139690.667         2  69845.3336      Prob > F       =    0.0526
  Residual | 525686.297        25  21027.4519      R-squared      =    0.2099
           |                                       Adj R-squared  =    0.1467
     Total | 665376.964        27  24643.5913      Root MSE       =    145.01


     cargo |     Coef.    Std. Err.       t     P>|t|     [95% Conf. Interval]

     cargo |
       L1. |   .4499296   .1886767     2.38     0.025     .0613427    .8385165
       L2. |  -.3594608   .2006384    -1.79     0.085    -.7726834    .0537617

     _cons |   927.6671   225.8075     4.11     0.000      462.608    1392.726
```

图 4–51　货物吞吐量对滞后一阶和二阶因变量的回归结果

注：Stata 的回归命令在图中左上角。

　　因此，我们需要进一步考虑加入月份虚拟变量，以便更有效地捕捉图 4–50 中海口港货物吞吐量月度数据时间序列的波动效应。根据三体模型及三体预测法，我们得到了表 4–60。在该表中，有 2 个基本满足实际需要的预测方程。

表 4–60　2019 年 1 月~2021 年 6 月海口港货物吞吐量预测方程（$N = 30$）

变量说明	变量	预测方程 I		预测方程 II	
		回归系数	P 值 $(p > \|t\|)$	回归系数	P 值 $(p > \|t\|)$
常数项	_cons	935.4801	0.002	905.5385	0.002
1 月	m_1	− 267.6129	0.001	− 257.3429	0.001
2 月	m_2	− 437.1317	0.000	− 402.7534	0.000
3 月	m_3	166.8705	0.124	248.565	0.015
5 月	m_5	− 116.6747	0.093	− 125.3777	0.082

变量说明	变量	预测方程 I		预测方程 II	
		回归系数	P 值 $(p > \lvert t \rvert)$	回归系数	P 值 $(p > \lvert t \rvert)$
6 月	m_6	-215.0748	0.003	-186.2118	0.007
7 月	m_7	-111.6175	0.148	——	——
8 月	m_8	-169.2170	0.027	-119.4343	0.077
9 月	m_9	-206.4154	0.008	-168.9679	0.020
10 月	m_{10}	-183.5915	0.017	-144.5463	0.044
11 月	m_{11}	-155.0628	0.035	-122.1590	0.082
滞后一阶	$cargo_{t-1}$	0.4905	0.027	0.6009	0.007
滞后三阶	$cargo_{t-3}$	-0.2787	0.086	-0.3923	0.012
R^2		0.8880		0.8692	

对于预测方程 II,其回归系数的 P 值均在统计上显著(P 值均小于 0.1),R 平方为 0.8692,接近 90%,因此预测方程 II 基本上是令人满意的。对于预测方程 I,其 R 平方为 0.8880,比预测方程 II 的大 1.88%,即预测能力强一些。因此预测方程 I 基本上是令人满意的。

注意到,在预测方程 I 中,自变量 m_3 和 m_7 的 P 值分别为 0.124 和 0.148,略大于 0.1,未达到显著水平。然而,考虑到 m_3 和 m_7 的 P 值接近 0.1,加入了 m_3 和 m_7 这 2 个自变量后,预测方程 I 的 R 平方能达到 0.8880,比预测方程 II 的大 1.88%。所以在 R 平方准则和简洁性准则之间,考虑到现实需要,即为了更好地做出预测,我们认为预测方程 I 是令人满意的预测方程,虽然其在简洁性方面略逊预测方程 II。

4.16.4 评估预测方程的预测性能

根据表 4 - 60 的预测方程 Ⅰ 和 Ⅱ，我们使用 2021 年 7 ~ 12 月的数据作为测试集，检验预测方程的预测性能。从表 4 - 61 可见，预测方程 Ⅰ 的平均相对预测误差为 6.37%，预测方程 Ⅱ 的平均相对预测误差为 7.37%。很显然，上述两个预测误差值是可以接受的，是令人满意的。

表 4 - 61　　　　　　　2021 年 7 ~ 12 月海口港货物吞吐量预测值、

实际和预测误差值

预测模型	项目	7 月	8 月	9 月	10 月	11 月	12 月
	货物吞吐量实际值（万吨）	935	910	890	830	975	1020
预测方程 Ⅰ	货物吞吐量预测值（万吨）	951	858	894	928	934	1166
	相对预测误差（%）	1.71	5.73	0.50	11.79	4.21	14.28
	平均相对预测误差（%）	6.37					
预测方程 Ⅱ	货物吞吐量预测值（万吨）	994	831	888	929	925	1142
	相对预测误差（%）	6.33	8.65	0.23	11.93	5.11	11.99
	平均相对预测误差（%）	7.37					

我们把表 4 - 61 中 2021 年 7 ~ 12 月的货物吞吐量实际值、预测方程 Ⅰ 和 Ⅱ 的预测值，进行可视化，做出三者之间的走势图，以便于得到直观认识。通过鸟瞰走势图，可以直观看到，实际值曲线和预测值曲线之间的吻合度较高，如图 4 - 52 所示。

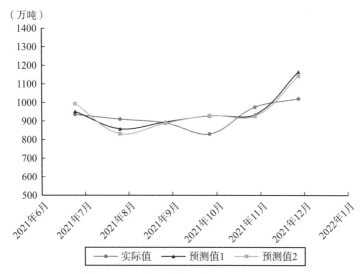

图 4 − 52　2021 年 7 ～ 12 月海口港每月货物吞吐量实际值与预测值走势

4.17　海南自贸港机场客运量月度数据预测

4.17.1　原始数据

海南正在如火如荼地建设自由贸易港，来琼旅客日益增多，他们有着巨大的消费潜力。预测航空客运量对于航空公司至关重要，航空公司需要根据需求预测来制定相应的运营规划。航空公司运营规划的精确性依赖于预测的准确性。要精准预测航空客运量，非常具有挑战性，其受到预测模型、预测方法和预测数据等影响。

随着海南的自由贸易港建设，机场和港口将发挥重要作用，因此有必要对机场客运量进行准确预测。本书拟应用三体模型和三体预测法对海口美兰国际机场和三亚凤凰国际机场的客运量进行预测研究，以检验三体模型的泛化能力及预测表现，检验三体预测法的健壮性。

本书选取了2009年1月~2018年12月海口美兰国际机场（以下简称"美兰机场"）和三亚凤凰国际机场（以下简称"凤凰机场"）的机场客运量数据进行预测研究。美兰机场数据来源于美兰国际机场官网，凤凰机场数据来源于三亚市旅游和文化广电体育局官网。表4-62为2009年1月~2018年12月美兰机场每月客运量数据，表4-63为2009年1月~2018年12月凤凰机场每月客运量数据。

表4-62　　　　　　2009年1月~2018年12月美兰机场客运量　　　单位：万人

年份	1月	2月	3月	4月	5月	6月	7月	8月	9月	10月	11月	12月
2009	90	91	87	67	56	48	61	64	52	65	77	80
2010	91	98	92	73	64	57	69	70	59	56	68	80
2011	93	101	87	81	76	70	79	81	68	78	100	103
2012	123	112	102	82	66	62	75	81	70	83	103	109
2013	113	133	113	94	85	80	93	96	70	91	102	112
2014	150	169	125	101	90	85	97	101	92	108	130	138
2015	150	200	170	120	108	97	107	113	103	124	152	172
2016	190	218	180	140	126	118	132	140	128	144	173	192
2017	224	207	207	173	164	156	171	183	168	181	198	212
2018	220	244	232	189	179	171	191	200	172	193	203	219

表4-63　　　　　　2009年1月~2018年12月凤凰机场客运量　　　单位：万人

年份	1月	2月	3月	4月	5月	6月	7月	8月	9月	10月	11月	12月
2009	83	81	61	56	49	44	56	58	45	66	86	98
2010	118	125	101	75	64	55	62	64	51	50	73	92
2011	113	120	101	76	69	61	69	70	60	73	105	118
2012	139	129	116	86	68	60	75	78	66	82	108	127
2013	138	151	132	90	81	74	87	93	82	97	120	139
2014	163	165	145	104	97	87	105	114	98	118	142	157

年份	1 月	2 月	3 月	4 月	5 月	6 月	7 月	8 月	9 月	10 月	11 月	12 月
2015	170	173	168	121	112	101	116	124	106	127	140	160
2016	177	179	160	130	120	112	126	138	125	138	153	177
2017	194	197	183	151	143	136	143	153	136	153	171	190
2018	194	197	190	153	146	140	148	159	136	156	182	201

4.17.2 在 Excel 设置时间 t 及做出走势图

本书选取 2009 年 1 月 ~ 2017 年 12 月的机场客运量数据作为训练集，选取 2018 年 1 ~ 12 月的机场客运量数据作为测试集。

本书按照三体预测法的应用步骤构建预测模型。首先，确定时间单位 t，其中 $t = 1$ 对应 2009 年 1 月，t 按步长 1 增加，$t = 120$ 对应 2018 年 12 月。其次，分别做出美兰机场客运量、凤凰机场客运量和时间 t 之间关系的走势图，详情如图 4 – 53 所示。

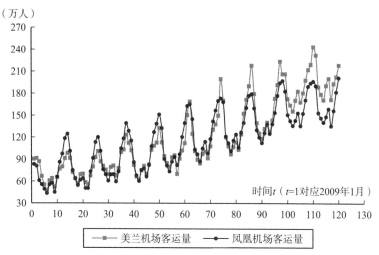

图 4 – 53　美兰机场和凤凰机场机场月客运量走势（2009 年 1 月 ~ 2018 年 12 月）

最后，计算美兰机场和凤凰机场的线性趋势方程，见式（4-34）和式（4-35）。二者的R平方分别为0.664和0.588，表明一元线性预测方程能解释美兰机场和凤凰机场客运量变化的66.4%和58.8%，均未能达到90%，未能达到要求。因此，我们需要采取措施进一步提高预测方程的预测表现。

$$\text{美兰机场：} flow = 50.03 + 1.139t \ (R^2 = 0.664) \qquad (4-34)$$

$$\text{凤凰机场：} flow = 58.30 + 0.963t \ (R^2 = 0.588) \qquad (4-35)$$

4.17.3 依据三体预测法构建预测模型

依据三体预测法，构建0~1月虚拟变量，分别以美兰机场和凤凰机场的月客运量对t和$m_1 \sim m_{12}$进行回归（$m_1 \sim m_{12}$分别表示1~12月的月份虚拟变量），并排除其中不显著的虚拟变量，再对各变量进行回归。

在表4-64中，加入虚拟变量进行回归后，美兰机场和凤凰机场预测模型的R平方均得到了大幅度提升（表明预测方程的性能得到了提升），分别为0.895和0.970，表明美兰机场预测模型可以解释客运量数据89.5%的变化，凤凰机场预测模型可以解释客运量数据97%的变化，其中美兰机场客运量预测模型的R平方大约等于90%，基本满足需要，但仍然可以采取措施进一步优化，而凤凰机场客运量预测模型的R平方大于90%，满足三体预测法的要求。

表4-64 引入虚拟变量的机场客运量回归结果

变量说明	变量	美兰机场	凤凰机场
常数项	_cons	761.634 ***	78.893 ***
趋势	t	1.168 ***	0.997 ***

变量说明	变量	美兰机场	凤凰机场
1 月	m_1	17. 204 **	16. 373 ***
2 月	m_2	27. 673 ***	17. 997 ***
3 月	m_3	—	—
4 月	m_4	− 18. 897 **	− 31. 923 ***
5 月	m_5	− 30. 856 ***	− 42. 473 ***
6 月	m_6	− 38. 872 ***	− 51. 654 ***
7 月	m_7	− 27. 642 ***	− 40. 568 ***
8 月	m_8	− 23. 721 ***	− 35. 720 ***
9 月	m_9	− 38. 200 ***	− 50. 269 ***
10 月	m_{10}	− 26. 033 ***	− 36. 239 ***
11 月	m_{11}	—	− 15. 636 ***
12 月	m_{12}	—	—
R^2		0. 895	0. 970

注：*** $p < 1\%$，** $p < 5\%$，* $p < 10\%$。

接下来，我们采取措施来进一步提高美兰机场预测方程的预测性能。根据三体预测法，我们在表4-64第3列之基础上，向预测模型中加入客运量的滞后一阶变量，而后将机场客运量对时间 t、月份虚拟变量和客运量滞后一阶变量进行回归，具体结果如表4-65所示。

表 4 - 65　　　　引入滞后一阶变量的机场客运量回归结果

变量说明	变量	美兰机场	凤凰机场
常数项	_cons	24. 314 ***	78. 893 ***
趋势	t	0. 500 ***	0. 997 ***
1 月	m_1	17. 310 ***	16. 373 ***

变量说明	变量	美兰机场	凤凰机场
2 月	m_2	18.307 ***	17.997 ***
3 月	m_3	—	—
4 月	m_4	− 23.011 ***	− 31.923 ***
5 月	m_5	− 19.177 ***	− 42.473 ***
6 月	m_6	− 20.155 ***	− 51.654 ***
7 月	m_7	− 4.214	− 40.568 ***
8 月	m_8	− 6.943	− 35.720 ***
9 月	m_9	− 23.757 ***	− 50.269 ***
10 月	m_{10}	− 3.065	− 36.239 ***
11 月	m_{11}	—	− 15.636 ***
12 月	m_{12}	—	—
滞后一阶变量	y_{t-1}	0.590 ***	—
R^2		0.951	0.970

注：*** p < 1%，** p < 5%，* p < 10%。

在表 4 - 65 中，之前的预测模型加入滞后一阶因变量之后，R 平方为 0.951，大于 90%，表明美兰机场预测模型可以解释客运量数据大约 95.1% 的变化，满足三体模型的准则。所以，美兰机场和凤凰机场的客运量最终预测模型可以得到确定。根据表 4 - 65 第 3 列和第 4 列，我们分别可以得到美兰机场和凤凰机场的客运量预测模型。

4.17.4 评估预测方程的预测性能

1）评价标准

我们在本章中仍然选取平均绝对误差（MAE）、平均相对预测误差

（MAPE）、根均方误差（RMSE）三个指标作为评价标准。MAE、MAPE、RMSE 的具体计算公式如下：

$$MAE = \frac{1}{T} \sum_{t=1}^{T} |\hat{x}(t) - x(t)| \qquad (4-36)$$

$$MAPE = \frac{1}{T} \sum_{t=1}^{T} \left| \frac{\hat{x}(t) - x(t)}{x(t)} \right| \times 100\% \qquad (4-37)$$

$$RMSE = \sqrt{\frac{1}{T} \sum_{t=1}^{T} [\hat{x}(t) - x(t)]^2} \qquad (4-38)$$

其中，T 代表测试集的长度，$\hat{x}(t)$ 和 $x(t)$ 分别表示 t 时点的客运量预测值和实际值。MAE、MAPE 和 RMSE 的值越小，表明预测值和实际值之间的误差越小，模型也就越精准。

2）评价结果

根据表 4-65 第 3 列和第 4 列，我们能够得到美兰机场和凤凰机场的客运量预测模型。然后根据上述 2 个模型，分别对 2018 年 1~12 月美兰机场和凤凰机场的月客运量进行预测，并将预测值和实际结果进行比较，具体结果如表 4-66 所示。

表 4-66　2018 年 1~12 月美兰机场和凤凰机场每月客运量预测值与实际值比较

时间	美兰机场			凤凰机场		
	实际值（万人）	预测值（万人）	相对预测误差（%）	实际值（万人）	预测值（万人）	相对预测误差（%）
2018 年 1 月	219.50	221.45	0.9	194.16	203.94	5.0
2018 年 2 月	243.55	226.92	6.8	196.54	206.56	5.1
2018 年 3 月	232.33	223.51	3.8	190.46	189.56	0.5

续表

时间	美兰机场			凤凰机场		
	实际值 （万人）	预测值 （万人）	相对预测 误差（%）	实际值 （万人）	预测值 （万人）	相对预测 误差（%）
2018 年 4 月	189.00	194.37	2.8	153.33	158.64	3.5
2018 年 5 月	178.96	173.13	3.3	146.44	149.09	1.8
2018 年 6 月	171.23	166.73	2.6	140.44	140.90	0.3
2018 年 7 月	190.74	178.61	6.4	148.10	152.98	3.1
2018 年 8 月	200.49	187.89	6.3	158.76	158.83	0.1
2018 年 9 月	171.80	177.33	3.2	135.52	145.28	7.2
2018 年 10 月	193.47	181.59	6.1	156.36	160.30	2.5
2018 年 11 月	202.71	197.94	2.4	182.00	181.90	0.1
2018 年 12 月	218.56	210.27	3.8	201.31	199.54	0.9

表 4 – 66 中，美兰机场和凤凰机场客运量预测值和实际值之间的相对预测误差都很小，美兰机场预测值和实际值之间的相对误差最大为 6.8%，最小为 0.9%，即所有的预测误差处于区间［0.9%，6.8%］。凤凰机场预测值和实际值之间的相对误差最大为 7.2，为 0.1%，即所有的预测误差处于区间［0.1%，7.2%］。综上分析，这两个机场客运量预测模型都取得了很好的预测效果。

为了更直观地比较表 4 – 66 中的预测值和实际值，本书对这些数据进行了可视化，做出了 2018 年 1 ~ 12 月美兰机场和三亚机场每月客运量实际值和预测值的走势图，详情如图 4 – 54 所示。

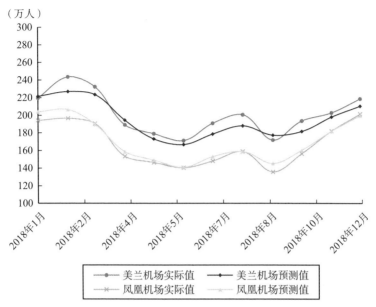

（万人）

图 4 – 54　2018 年 1 ~ 12 月美兰机场和凤凰机场每月客运量实际值和预测值走势

在图 4 – 54 中，可以很直观地发现美兰机场月客运量的实际值曲线和预测值曲线紧密贴在一起，吻合程度相当高，并且数据波动方向一致，说明预测模型具有良好的预测效果。同理，我们可以很直观地观察到，凤凰机场月客运量的实际值曲线和预测值曲线紧密相随，吻合程度极高，并且数据波动方向一致，说明预测模型具有良好的预测效果。

通过对 2018 年 1 ~ 12 月美兰机场和凤凰机场客运量的实际值与预测值之间的对比，我们对三体模型的预测性能有了一个大致的评价。为了进一步量化评估三体模型的预测性能，本书采取前文构建的相关评价指标进行计算，即依据式（4 – 36）~ 式（4 – 38）进行计算。这些指标能够较为全面地对三体模型的预测性能进行评估，详情如表 4 – 67所示。

表 4 - 67   美兰机场和凤凰机场客运量预测结果评价

评价指标	美兰机场	凤凰机场
MAE	8.19	4.14
MAPE（%）	4.0	2.5
RMSE	9.18	5.55

在表 4 - 67 中，按照式（4 - 36）~式（4 - 38）的评价指标，分别对美兰机场和凤凰机场的预测表现进行定量评估。在表 4 - 67 中，美兰机场和凤凰机场的 MAE 值分别为 8.19 和 4.14，MAPE 值分别为 4.0%和 2.5%，RMSE 值分别为 9.18 和 5.55。根据式（4 - 36）~式（4 - 38）的指标评价标准，各指标值越小，预测结果越精准。表 4 - 67 的结果充分证明三体模型具有优秀的预测性能，能够对美兰机场和凤凰机场的客运量进行精准预测。

4.18 2010~2014 年中国人均能源生活消费预测

4.18.1 原始数据

罗党和韦保磊（2019）构建了离散灰色预测模型 DGMP(1，1，N)模型，并以 2010~2014 年中国人均能源生活消费量进行了预测研究[20]。为了检验三体模型的预测表现，我们拟对 2010~2014 年中国人均能源生活消费进行预测研究，表 4 - 68 为原始数据。

表 4 – 68　　　　　　　　2000 ~ 2014 年中国人均能源生活消费　　　单位：千克标准煤

项目	2000 年	2001 年	2002 年	2003 年	2004 年	2005 年	2006 年	2007 年
时间 t	1	2	3	4	5	6	7	8
人均能源生活消费量	132	136	146	166	191	211	230	250
项目	2008 年	2009 年	2010 年	2011 年	2012 年	2013 年	2014 年	—
时间 t	9	10	11	12	13	14	15	—
人均能源生活消费量	254	264	273	294	313	335	346	—

4.18.2　在 Excel 设置时间 t 及做出散点图

根据表 4 – 68 的数据，我们利用三体模型进行预测研究，使用的训练集为 2000 ~ 2010 年的年度数据，一共 11 个样本观察值。

根据三体预测法，首先确定时间变量 t（$t = 1$ 对应 2000 年，t 按步长 1 增加，$t = 11$ 对应 2010 年），而后做出反映 t 和因变量之间关系的散点图及趋势线，详情如图 4 – 55 所示。

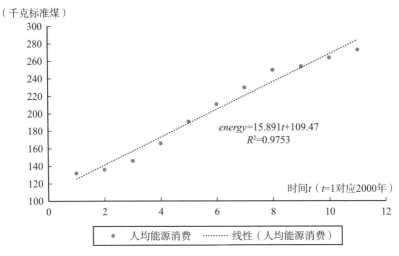

图 4 – 55　2000 ~ 2010 年中国人均能源生活消费散点图及趋势线

从图 4 - 55 可见，一元线性趋势方程的 R 平方高达 0. 9753，这意味着该线性方程可以解释人均能源生活消费量年度数据大约 97.5% 的变化。根据模型的确定准则，R 平方大于 90%，符合决策准则；从实践而言，97.5% 的解释力足以满足现实需要。因此，式（4 - 39）是简洁优美的预测方程。

$$energy = 15.891t + 109.47 \quad (R^2 = 0.9753,\ N = 11) \quad (4-39)$$

4. 18. 3　评估预测方程的预测性能

为了检验三体模型的预测表现，我们把三体模型、DGMP（1，1，1）模型、DGMP（1，1，2）模型进行比较。我们选取 2011 ~ 2014 年的数据作为测试集，各年的预测值如表 4 - 69 所示。在该表中，根据 DGMP（1，1，1）模型和 DGMP（1，1，2）模型得出的预测值，我们直接引用参考文献［20］的。

表 4 - 69　三体模型、DGMP（1，1，1）模型和 DGMP（1，1，2）
模型之间的预测性能比较

实际值，预测值，预测误差		2011 年	2012 年	2013 年	2014 年
中国人均能源生活消费实际值（千克标准煤）		294	313	335	346
三体模型	预测值（千克标准煤）	300	316	332	348
	相对预测误差（%）	2. 10	0. 98	0. 91	0. 53
	平均相对预测误差（%）	1. 13			
DGMP(1，1，1)模型	预测值（千克标准煤）	305	321	337	353
	相对预测误差（%）	3. 71	2. 55	0. 56	1. 88
	平均相对预测误差（%）	2. 18			

实际值，预测值，预测误差		2011 年	2012 年	2013 年	2014 年
DGMP(1，1，2)模型	预测值（千克标准煤）	313	331	350	368
	相对预测误差（%）	6.57	5.90	4.37	6.28
	平均相对预测误差（%）	5.78			

在表 4-69 中，以相对预测误差作为性能评价指标，在 2011 年、2012 年和 2014 年，三体模型的预测表现明显优于 DGMP(1，1，1) 模型和 DGMP(1，1，2) 模型；在 2013 年，三体模型的预测表现与 DGMP(1，1，1) 模型相当，但明显优于 DGMP(1，1，2)。

从表 4-69 可见，以平均相对预测误差作为总体评价指标，三体模型为 1.13%，而 DGMP(1，1，1) 模型和 DGMP(1，1，2) 模型的分别为 2.18%、5.78%，表明三体模型的预测表现总体上优于 DGMP(1，1，1) 模型和 DGMP(1，1，2) 模型。

综上，三体模型的预测表现优秀。

4.19　中国城镇和农村家庭人均可支配收入预测

4.19.1　原始数据

邹国焱和魏勇（2020）运用广义离散灰色预测模型对 1997~2013 年城镇家庭和 1990~2013 年农村家庭人均可支配收入（DPI）进行了预测研究[10]。为了检测三体模型的预测表现，本书使用与该文同样的建模数据进行预测研究，数据详情如表 4 – 70 和表 4 – 71 所示。

表 4 – 70   1997 ~ 2013 年中国城镇家庭人均可支配收入   单位：万元

项目	1997 年	1998 年	1999 年	2000 年	2001 年	2002 年
城镇家庭人均可支配收入	0.5160	0.5425	0.5854	0.6280	0.6859	0.7703
项目	2003 年	2004 年	2005 年	2006 年	2007 年	2008 年
城镇家庭人均可支配收入	0.8472	0.9422	1.0493	1.1760	1.3786	1.5781
项目	2009 年	2010 年	2011 年	2012 年	2013 年	—
城镇家庭人均可支配收入	1.7175	1.9109	2.1809	2.4565	2.6955	—

表 4 – 71   1990 ~ 2013 年中国农村家庭人均可支配收入   单位：元

项目	1990 年	1991 年	1992 年	1993 年	1994 年	1995 年
农村家庭人均可支配收入	686.3	708.6	740.0	921.6	1221.0	1577.7
项目	1996 年	1997 年	1998 年	1999 年	2000 年	2001 年
农村家庭人均可支配收入	1926.1	2090.1	2162.0	2210.3	2253.4	2366.4
项目	2002 年	2003 年	2004 年	2005 年	2006 年	2007 年
农村家庭人均可支配收入	2475.6	2622.2	2936.4	3254.9	3587.0	4140.4
项目	2008 年	2009 年	2010 年	2011 年	2012 年	2013 年
农村家庭人均可支配收入	4760.6	5153.2	5919.0	6977.3	7916.6	8895.9

4.19.2   在 Excel 设置时间 t 及做出走势图

根据表 4 – 70 和表 4 – 71，我们分别在 Excel 中设置时间 t，然后以 "年" 为横坐标，以 "家庭人均可支配收入" 为纵坐标，分别做出 1997 ~ 2013 年城镇家庭人均可支配收入走势图，以及 1990 ~ 2013 年农村家庭人均可支配收入走势图，详情如图 4 – 56 和图 4 – 57 所示。

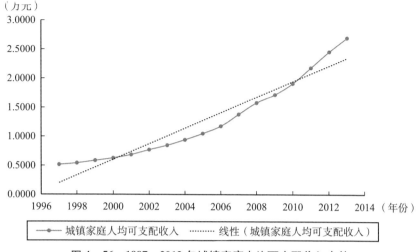

图 4 – 56　1997 ~ 2013 年城镇家庭人均可支配收入走势

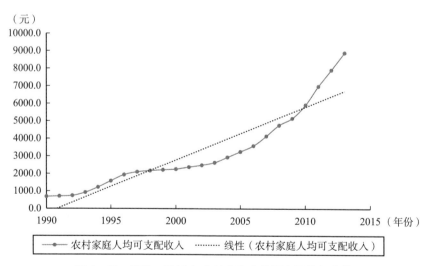

图 4 – 57　1990 ~ 2013 年农村家庭人均可支配收入走势

　　通过鸟瞰图 4 –56 和图 4 –57，可以发现下述若干特点：（1）两者
走势非常相似；（2）有较多数据点偏离趋势线较远，变动幅度较大；
（3）城镇家庭和农村家庭人均可支配收入的时间序列均为年度数据结

构，因此不具备条件采用月份或季节虚拟变量来捕捉波动效应。

根据上述特点分析，我们由此判断"形影不离"时间序列类别的处理方式，应该适合城镇家庭和农村家庭人均可支配收入的时间序列（见本书第2章第2.2节）。

4.19.3 依据三体预测法构建预测模型

根据本书归纳的三体模型和三体预测法，我们利用1997~2006年城镇家庭人均可支配收入和1990~2006年农村家庭人均可支配收入（DPI）为训练集，估计出有效的预测模型具体形式，如图4-58和图4-59所示。在三体模型表达式中，我们把描述趋势和波动效应的变量结构去掉，直接使用刻画惯性效应的变量组成来构建预测方程，即使用"影子变量"来捕捉"形体变动"，以期做到"形影不离"。

```
reg dpi L1.dpi in 1/10
```

Source	SS	df	MS			
				Number of obs	=	9
				F(1, 7)	=	5204.59
Model	.381226912	1	.381226912	Prob > F	=	0.0000
Residual	.000512737	7	.000073248	R-squared	=	0.9987
				Adj R-squared	=	0.9985
Total	.38173965	8	.047717456	Root MSE	=	.00856

dpi	Coef.	Std. Err.	t	P>|t|	[95% Conf. Interval]	
dpi L1.	1.174099	.0162746	72.14	0.000	1.135616	1.212582
_cons	-.053697	.0122126	-4.40	0.003	-.0825752	-.0248188

图4-58 1997~2006年城镇家庭人均可支配收入年度数据回归结果

注：Stata回归命令在图中左上角。

```
regress dpi L1.dpi L2.dpi in 1/17
```

Source	SS	df	MS			
				Number of obs	=	15
				F(2, 12)	=	566.75
Model	8940590.71	2	4470295.36	Prob > F	=	0.0000
Residual	94651.976	12	7887.66467	R-squared	=	0.9895
				Adj R-squared	=	0.9878
Total	9035242.69	14	645374.478	Root MSE	=	88.813

dpi	Coef.	Std. Err.	t	P>|t|	[95% Conf. Interval]	
dpi						
L1.	1.743842	.1922353	9.07	0.000	1.324997	2.162687
L2.	-.7573069	.197779	-3.83	0.002	-1.18823	-.3263835
_cons	88.66261	66.52453	1.33	0.207	-56.28189	233.6071

图 4 - 59　1990 ~ 2006 年农村家庭人均可支配收入年度数据回归结果

注: Stata 回归命令在图中左上角。

根据图 4 - 58 和图 4 - 59，我们得到了城镇家庭 DPI 和农村家庭 DPI 的时间序列预测方程：

$$城镇家庭: DPI = 1.1741DPI_{t-1} - 0.0537 \quad (R^2 = 0.9987)$$

$$(4-40)$$

$$农村家庭: DPI = 1.744DPI_{t-1} - 0.757DPI_{t-2} + 88.663 \quad (R^2 = 0.9895)$$

$$(4-41)$$

4.19.4　评估预测方程的预测性能

1）城镇家庭 DPI 预测模型的性能评估

根据式（4 - 40），我们得出 2007 ~ 2013 年城镇家庭 DPI 的预测值，并计算了预测值与实际值之间的相对误差，具体结果如表 4 - 72 所示。

表 4 – 72 **2007 ~ 2013 年城镇家庭 DPI 预测值与实际值对比**

项目	2007 年	2008 年	2009 年	2010 年	2011 年	2012 年	2013 年
时间 t	11	12	13	14	15	16	17
DPI 实际值（万元）	1.3786	1.5781	1.7175	1.9109	2.1809	2.4565	2.6955
DPI 预测值（万元）	1.3270	1.5649	1.7991	1.9628	2.1899	2.5069	2.8305
相对预测误差（%）	3.74	0.84	4.75	2.72	0.41	2.05	5.01
平均相对预测误差（%）	2.79						

在表 4 – 72 中，本书的预测模型得出的平均相对预测误差（MRPE）为 2.79%，而邹国焱和魏勇（2020）运用其提出的 GDGM（1，1）模型得出的 MRPE 为 17.29%[10]，文献［11］报告了运用 DGM(1，1)、NDGM(1，1) 和 TDGM(1，1) 模型得出的 MRPE 分别为 17.64%、38.16% 和 24.81%[11]。比较上述 AVE 结果，可知本书预测模型得出的 MRPE 仅为 2.79%，预测表现十分优秀。

上述各个预测模型预测性能之间的比较结果，具体如表 4 – 73 所示。

表 4 – 73 **各个预测模型预测性能之间的比较** 单位：%

模型名称	平均相对预测误差 MRPE
三体模型	2.79
GDGM(1，1) 模型	17.29
DGM(1，1) 模型	17.64
NDGM(1，1) 模型	38.16
TDGM(1，1) 模型	24.81

2）农村家庭 DPI 预测模型的性能评估

根据式（4-41），我们得出 2007 ~ 2013 年农村家庭 DPI 的预测值，并计算了预测值与实际值之间的相对误差，具体结果如表 4-74 所示。

表 4-74　　　　2007 ~ 2013 年农村家庭 DPI 预测值与实际值对比

项目	2007 年	2008 年	2009 年	2010 年	2011 年	2012 年	2013 年
时间 t	11	12	13	14	15	16	17
DPI 实际值（元）	4140.4	4760.6	5153.2	5919.0	6977.3	7916.6	8895.9
DPI 预测值（元）	3878.9	4592.4	5254.8	5469.8	6507.9	7773.5	8610.0
相对预测误差（%）	6.32	3.53	1.97	7.59	6.73	1.81	3.21
平均相对预测误差（%）	4.45						

在表 4-74 中，本书预测模型得出的平均相对预测误差为 4.45%，而邹国焱和魏勇（2020）运用其提出的 GDGM（1，1）模型得出的 MRPE 为 7.68%[10]，文献 [11] 报告了运用 DGM(1，1)、NDGM(1，1) 和 TDGM（1，1）模型得出的 MRPE 分别为 23.61%、27.87% 和 18.27%[11]。比较上述结果，可知本书模型得出的 MRPE 为 4.45%，预测表现十分优秀。

上述各个预测模型预测性能之间的比较结果，具体如表 4-75 所示。

表 4-75　　　　　　　各个预测模型预测性能之间的比较　　　　　　单位：%

模型名称	平均相对预测误差 MRPE
三体模型	4.45

续表

模型名称	平均相对预测误差 MRPE
GDGM(1, 1) 模型	7.68
DGM(1, 1) 模型	23.61
NDGM(1, 1) 模型	27.87
TDGM(1, 1) 模型	18.27

在本例中，我们根据三体模型及三体预测法得到的预测模型十分简洁，预测准确度很高。实践表明，在能够解决现实问题的情况下，能应用简洁的预测方法，就尽量避免复杂的。

4.20　2014~2018 年河南省粮食产量预测

4.20.1　原始数据

李晔和丁圆苹（2022）通过构建线性时变参数 DLDGM(1, N) 模型对 2004~2018 年河南省粮食产量进行了预测研究[22]。为了检测三体模型的预测表现，本书使用与该文同样的建模数据进行预测研究，数据如表 4-76 所示。

表 4-76　　　　　　2004~2018 年河南省粮食产量年度数据　　　　单位：万吨

项目	2004 年	2005 年	2006 年	2007 年	2008 年	2009 年	2010 年	2011 年
时间 t	1	2	3	4	5	6	7	8
粮食产量	4260	4582	5112	5245	5365	5389	5582	5734

续表

项目	2012 年	2013 年	2014 年	2015 年	2016 年	2017 年	2018 年	—
时间 t	9	10	11	12	13	14	15	—
粮食产量	5898	6024	6134	6470	6498	6524	6649	—

4.20.2　在 Excel 设置时间 t 及做出走势图

根据表 4-76 的数据，本书利用三体模型对河南省粮食产量年度数据进行预测研究。本书使用的训练集为 2004～2017 年。

根据三体预测法，首先确定时间变量 t（$t=1$ 对应 2004 年，t 按步长 1 增加，$t=14$ 对应 2017 年），而后做出反映 t 和粮食产量之间关系的走势图及趋势线，详情如图 4-60 所示。

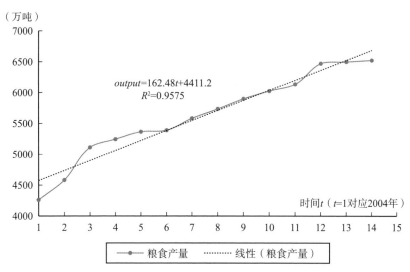

图 4-60　2004～2017 年河南省粮食产量年度数据走势及趋势线

153

从图 4 - 60 可见，一元线性趋势方程的 R 平方高达 0.9575，这意味着该线性方程可以解释粮食产量年度数据大约 96% 的变化。根据模型的确定准则，R 平方大于 90%，符合决策准则；从实践而言，96% 的解释力足以满足实践需要。因此，式（4 - 42）是一个令人满意的预测方程。

$$output = 162.48t + 4411.2 \ (R^2 = 0.9575, N = 14) \quad (4 - 42)$$

4.20.3 评估预测方程的预测性能

为了检验三体模型的预测表现，本书把三体模型与 DLDGM（1，N）模型、DGM（1，N）模型 GM（1，N）模型进行比较（参考文献 [22]）。我们选取 2018 年河南省粮食产量作为测试集。

对于 2018 年的测试数据，令式（4 - 42）的 t 取值 15，得 2018 年河南省粮食产量预测值为 6848 万吨。

关于 DLDGM（1，N）模型、DGM（1，N）模型和 GM（1，N）模型对 2018 年河南省粮食产量的预测值，我们直接引用文献 [22] 的。

综上，我们得到表 4 - 77。从表中可见，就相对预测误差这个评价指标而言，三体模型为 3.00%，而 DLDGM（1，N）模型、DGM（1，N）模型和 GM（1，N）模型分别为 1.23%、3.12%、5.25%。很显然，三体模型的预测表现优于 DGM（1，N）模型和 GM（1，N）模型，略微比 DLDGM（1，N）模型差。然而，式（4 - 42）是简洁的，优美的。

表 4 - 77　　　　　　　各个预测模型之间的预测性能比较

实际值，预测值，预测误差		2018 年
粮食产量实际值（万吨）		6649
三体模型	预测值（万吨）	6848
	相对预测误差（%）	3.00
DLDGM（1，N）模型	预测值（万吨）	6731
	相对预测误差（%）	1.23
DGM（1，N）模型	预测值（万吨）	6441
	相对预测误差（%）	3.12
GM（1，N）	预测值（万吨）	6300
	相对预测误差（%）	5.25

根据式（4 - 42），我们给出了 2019 ~ 2026 年河南省粮食产量年度预测值，详情如表 4 - 78 所示。

表 4 - 78　　　　　　2019 ~ 2026 年河南省粮食产量预测值　　　　单位：万吨

项目	2019 年	2020 年	2021 年	2022 年	2023 年	2024 年	2025 年	2026 年
时间 t	16	17	18	19	20	21	22	23
预测值	7011	7173	7336	7498	7661	7823	7986	8148

4.21　2016 年九寨沟每日游客人数预测

4.21.1　原始数据

通过使用 2013 年 1 月 1 日 ~ 2017 年 7 月 31 日九寨沟景区历史客流

量数据，李勇和李云鹏（2022）使用 Prophet – NNAR 混合预测方法对九寨沟景区每日游客流量进行了预测研究[24]。为了检验三体模型和三体预测法，本书拟对九寨沟每日游客人数进行预测研究，并从九寨沟景区官方网站（www. jiuzhai. com）下载了与文献［24］同样的数据集合。

4.21.2   在 Excel 设置时间 t 及做出走势图

根据附录 2，本书使用的训练集为 2016 年 1 月 1 日 ~ 12 月 31 日的每日游客数据。根据三体预测法，首先确定时间变量 t（$t = 1$ 对应 2016年 1 月 1 日，t 按步长 1 增加，$t = 366$ 对应 2016 年 12 月 31 日），而后做出反映 t 和每日游客人数之间关系的走势图，详情如图 4 – 61 所示。

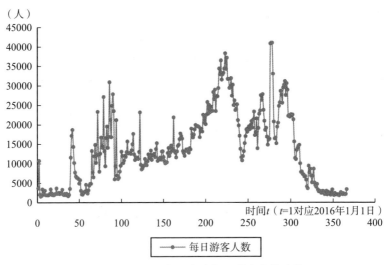

图 4 – 61　2016 年九寨沟每日游客人数走势

根据图 4 – 61 的走势，可以明显看出，该时间序列具有下述特点：（1）波动巨大，在某些时段每日游客人数大幅度增加；（2）没有展示出明显的趋势效应。由此我们可以判断，该时间序列类别属于形影不离。

4.21.3　设置日度虚拟变量

在图 4-61 中，该时间序列波动巨大，因此我们考虑设置日度虚拟变量，以捕捉这种波动。通过在预测模型中设置日度虚拟变量，其能更好地捕捉节假日效应导致的人数剧变。

表 4-79 展示了九寨沟每日游客人数的时间 t 设置和日度虚拟变量设置。由于一周有 7 天，所以我们设置了 7 个日度虚拟变量，分别用 w_1、w_2、$\cdots$、w_7 表示周一、周二、$\cdots$、周日。2016 年 1 月 1 日为周五，所以设置 w_5 为 1，其余 6 个日度虚拟变量为 0；其余日子的虚拟变量设置以此类推。

表 4-79　九寨沟每日游客人数的时间 t 设置和日度虚拟变量设置

日期	游客量（人）	时间 t	周一	周二	周三	周四	周五	周六	周日
date	tourist	t	w_1	w_2	w_3	w_4	w_5	w_6	w_7
2016 年 1 月 1 日	3710	1	0	0	0	0	1	0	0
2016 年 1 月 2 日	10752	2	0	0	0	0	0	1	0
2016 年 1 月 3 日	2101	3	0	0	0	0	0	0	1
2016 年 1 月 4 日	1587	4	1	0	0	0	0	0	0
2016 年 1 月 5 日	1739	5	0	1	0	0	0	0	0
2016 年 1 月 6 日	3461	6	0	0	1	0	0	0	0
2016 年 1 月 7 日	2072	7	0	0	0	1	0	0	0
2016 年 1 月 8 日	2349	8	0	0	0	0	1	0	0
2016 年 1 月 9 日	3131	9	0	0	0	0	0	1	0
2016 年 1 月 10 日	1932	10	0	0	0	0	0	0	1
2016 年 1 月 11 日	1931	11	1	0	0	0	0	0	0
2016 年 1 月 12 日	1988	12	0	1	0	0	0	0	0
2016 年 1 月 13 日	1896	13	0	0	1	0	0	0	0
2016 年 1 月 14 日	2012	14	0	0	0	1	0	0	0
2016 年 1 月 15 日	2303	15	0	0	0	0	1	0	0

4.21.4 依据三体预测法构建预测模型

根据本书归纳的三体模型和三体预测法，我们利用 2016 年九寨沟每日游客人数（一共 366 个样本）作为训练集。该时间序列类别为"形影不离"，因此在三体模型表达式中，我们首先把描述趋势效应的变量去掉，直接使用刻画惯性效应的变量组成来构建预测方程，即使用"影子变量"来捕捉"形体变动"，以期做到"形影不离"。图 4-62 展示了初步的回归结果。

```
regress tourist L1.tourist in 1/366
```

Source	SS	df	MS			
				Number of obs	=	365
				F(1, 363)	=	2119.46
Model	2.6781e+10	1	2.6781e+10	Prob > F	=	0.0000
Residual	4.5868e+09	363	12635797.4	R-squared	=	0.8538
				Adj R-squared	=	0.8534
Total	3.1368e+10	364	86175480.6	Root MSE	=	3554.7

tourist	Coef.	Std. Err.	t	P>|t|	[95% Conf. Interval]	
tourist L1.	.9241009	.0200727	46.04	0.000	.8846274	.9635743
_cons	1037.556	331.736	3.13	0.002	385.1905	1689.922

图 4-62　2016 年九寨沟每日游客人数预测模型 4-1

注：Stata 回归命令在图中左上角。

从图 4-62 可见，预测模型的 R 平方达到了 0.85，滞后一阶项的 P 值达到 0.001 的显著水平。该预测模型足够简洁，具体形式如下所示：

预测模型 4-1：$tourist_t = 0.924 tourist_{t-1} + 1038$（$R^2 = 0.85$）

$$(4-43)$$

因式（4-43）的 R 平方只有 0.85，所以我们采取其他方式提高模型的预测能力，即设法提高 R 平方。根据三体模型和三体预测法，加入滞后二阶或滞后三阶项，由此得到下述两个预测模型：

预测模型 $4-2$：$tourist_t = 0.825 tourist_{t-1} + 0.109 tourist_{t-2} + 877$ （$R^2 = 0.8567$）

$$(4-44)$$

预测模型 $4-3$：$tourist_t = 0.781 tourist_{t-1} + 0.167 tourist_{t-3} + 720$ （$R^2 = 0.8636$）

$$(4-45)$$

就预测性能而言，式（$4-44$）的 R 平方只比式（$4-43$）的提高了 0.67%，式（$4-45$）的 R 平方只比式（$4-44$）的提高了 1.36%。它们距离 0.9 尚有些许差距。

我们继续采取措施提高 R 平方，以期得到一个预测性能更好的预测模型。根据三体预测法，我们在式（$4-45$）中加入描述每日游客波动的日度虚拟变量，并进行回归；然后剔除不显著的变量，再进行回归。由此得到图 $4-63$。

```
regress tourist L1.tourist L3.tourist w2 w3 w5 w6 in 1/366
```

Source	SS	df	MS			
				Number of obs	=	363
				F(6, 356)	=	398.28
Model	2.7176e+10	6	4.5293e+09	Prob > F	=	0.0000
Residual	4.0486e+09	356	11372341.4	R-squared	=	0.8703
				Adj R-squared	=	0.8682
Total	3.1225e+10	362	86255808.6	Root MSE	=	3372.3

tourist	Coef.	Std. Err.	t	P>|t|	[95% Conf. Interval]	
tourist						
L1.	.8058162	.0394796	20.41	0.000	.7281737	.8834587
L3.	.1423944	.0395532	3.60	0.000	.0646072	.2201817
w2	1488.904	552.3688	2.70	0.007	402.5884	2575.221
w3	1775.18	541.7091	3.28	0.001	709.8275	2840.532
w5	1572.34	541.9093	2.90	0.004	506.5936	2638.085
w6	1274.656	542.4808	2.35	0.019	207.7856	2341.525
_cons	-165.4872	385.6959	-0.43	0.668	-924.0161	593.0417

图 $4-63$　2016 年九寨沟每日游客人数预测模型

在图 $4-63$ 中，R 平方达到了 0.87，接近 0.9；所有自变量在统计上都达到了 5% 的显著水平。综上，图 $4-63$ 中所示的自变量组合及其回归系数即为最终预测模型，其具体形式可根据该表得出。

4.21.5 评估预测方程的预测性能

为了检验预测模型的预测表现，我们使用 2017 年 7 月九寨沟每日游客人数作为测试集。由于九寨沟每日游客人数的数据量甚为庞大，所以我们只使用 1 个月的每日游客人数作为测试集。表 4 - 80 展示了 2017年 7 月九寨沟每日游客人数的实际值、预测值及预测误差。从表 4 - 80可见，预测模型的平均预测误差 MRPE 为 7.26%，基本令人满意。

表 4 - 80   2017 年 7 月九寨沟每日游客人数预测值、实际值及预测误差

日期	实际值（人）	预测值（人）	预测误差（%）	日期	实际值（人）	预测值（人）	预测误差（%）
7 月 1 日	14453	12758	9.40	7 月 17 日	19095	17378	8.99
7 月 2 日	14792	14341	0.78	7 月 18 日	19907	19273	3.18
7 月 3 日	13487	13133	11.22	7 月 19 日	22664	20259	10.61
7 月 4 日	13271	13759	2.02	7 月 20 日	22210	20817	6.27
7 月 5 日	12770	14249	7.37	7 月 21 日	23774	22139	6.88
7 月 6 日	13681	14410	12.84	7 月 22 日	22262	23494	5.53
7 月 7 日	15315	12045	11.96	7 月 23 日	22952	20936	8.78
7 月 8 日	14735	14321	6.49	7 月 24 日	23189	21715	6.36
7 月 9 日	15793	15269	3.62	7 月 25 日	24892	23179	6.88
7 月 10 日	16302	13656	13.53	7 月 26 日	25592	24936	2.56
7 月 11 日	18036	14742	9.57	7 月 27 日	26849	23759	11.51
7 月 12 日	18936	16558	8.19	7 月 28 日	28485	26587	6.66
7 月 13 日	18636	18392	2.87	7 月 29 日	27078	27707	2.32
7 月 14 日	19549	17415	6.55	7 月 30 日	30211	25478	15.67
7 月 15 日	17998	18992	2.85	7 月 31 日	30361	28235	7.00
7 月 16 日	18317	19558	8.67	平均预测误差 MRPE			7.26

第 5 章

互联网公司用户量预测

互联网在中国发展了近 30 年，中国成为了世界互联网强国，诞生了腾讯、阿里巴巴、美团、京东、今日头条、网易等巨头公司，产生了 QQ、微信、支付宝、抖音、滴滴等用户量高达几亿人的现象级产品。对于互联网新创企业、在位企业及其应用程序（APP）而言，得用户者得天下，已经成为了共识。因此，如何获取及保留用户，如何准确预测用户数量，是一个重要问题。如果能准确预测用户数量，则后续的计划、运营、资源配置、人员招聘等工作就能更有效地开展。

楼润平等（2019）研究了中国互联网企业的成长路径、公司战略及管理策略，认为中国互联网企业的成长路径可以归类为两种：平台型成长曲线和 S 型成长曲线。平台型成长企业在快速成长阶段中其用户数量遵循指数曲线增长，S 型成长企业在快速成长阶段中其用户数量遵循 S 型曲线增长[23]。

上述两类互联网企业之共同点是，用户数量会达到极限值。其区别在于，平台型企业的数量达到极限值之后成为平台型企业，进而能够实施平台战略；而 S 型成长企业的用户数量达到天花板之后只能聚焦细分市场，实施聚焦战略。

本章将使用与文献［23］同样的数据集合，使用三体模型和三体预测法对互联网公司或其典型应用程序（APP）的用户数量进行预测研究。在使用预测模型对互联网企业的用户数量进行预测时，要特别注意用户数量大概何时到达天花板，这时就需要借助定性分析，把定性分析和定量预测相结合，即本书前文提及的集成预测。

5.1　QQ 注册用户量预测

5.1.1　原始数据

表 5-1 展示了 2001~2009 年 QQ 注册用户数量的变化情况。2009年，腾讯 QQ 注册用户已经达到了 9.34 亿人，而中国人口共 14 亿人，除去不会上网的幼儿、小学生和老人，9.3 亿~10 亿注册用户大约就是用户数量天花板了（假设每个人只能注册一个 QQ 号码）。所以，在构建预测方程进行预测时，这点要特别注意。

表 5-1　　　　　　　　　　2001~2009 年 QQ 注册用户数量

项目	2001 年	2002 年	2003 年	2004 年	2005 年	2006 年	2007 年	2008 年	2009 年
QQ 注册用户（百万人）	93.2	151.3	256.1	373	490	580	741.7	891.9	934.9
时间趋势 t	1	2	3	4	5	6	7	8	9

5.1.2 在 Excel 设置时间 *t* 及做出散点图

图 5－1 展示了 2001～2009 年 QQ 注册用户数量散点图及趋势线。从图中可见，表示 QQ 注册用户量的几乎所有实心圆点都紧密贴着趋势线，因此该时间序列类别属于青云直上。这意味着，一元线性趋势方程就可以很好地拟合 QQ 注册用户数量。

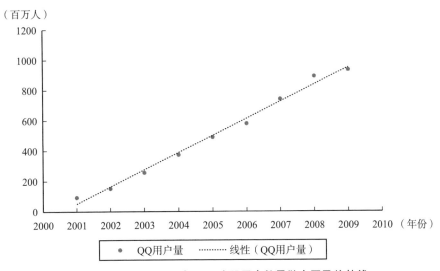

图 5－1 2001～2009 年 QQ 注册用户数量散点图及趋势线

5.1.3 依据三体预测法构建预测模型

我们以 2001～2007 年的 QQ 注册用户量作为训练集（ *t* = 1 对应 2001 年， *t* 按步长 1 增加， *t* = 7 对应 2007 年），使用 Stata 软件，把 QQ 注册用户量对时间 *t* 进行回归，结果如图 5－2 所示。

```
regress user t in 1/7

     Source        SS          df       MS        Number of obs  =         7
                                                   F(1, 5)        =    479.99
      Model    329362.659        1   329362.659    Prob > F       =    0.0000
   Residual    3430.9374         5   686.18748     R-squared      =    0.9897
                                                   Adj R-squared  =    0.9876
      Total    332793.596        6   55465.5994    Root MSE       =    26.195


       user      Coef.    Std. Err.      t     P>|t|     [95% Conf. Interval]

          t    108.4571   4.950424     21.91   0.000     95.73167    121.1826
      _cons    -50.21429  22.13897     -2.27   0.073    -107.1243    6.695742
```

图 5 - 2   QQ 注册用户数量回归结果

注：Stata 回归命令在图中左上角。

在图 5 - 2 中，时间趋势 t 对应的 P 值在统计上很显著，R 平方高达 0.9897，表明该一元线性方程大约可以解释注册用户量 98.97% 的变化。由此，我们得到了描述 QQ 注册用户数量的一元线性预测方程：

$$user = 108.457t - 50.214 \qquad (5-1)$$

前文提及，9.3 亿～10 亿注册用户大约就是 QQ 用户数量天花板了，而从图 5 - 1 可见，相对 2008 年，2009 年 QQ 注册用户量增速明显放缓。因此，依据三体预测法，我们尝试构建其他的预测方程，用滞后一阶项去解释注册用户量。由此，我们得到图 5 - 3 所示的回归结果。

```
regress user L1.user in 1/7

    Source        SS          df        MS         Number of obs   =        6
                                                    F(1, 4)         =   302.01
     Model    231332.496        1   231332.496      Prob > F        =   0.0001
  Residual    3063.89629        4   765.974072      R-squared       =   0.9869
                                                    Adj R-squared   =   0.9837
     Total    234396.392        5   46879.2784      Root MSE        =   27.676


      user      Coef.    Std. Err.       t     P>|t|     [95% Conf. Interval]

      user
       L1.    1.123722   .0646618     17.38    0.000     .9441919    1.303252

     _cons    68.00575   23.79919      2.86    0.046     1.92861     134.0829
```

图 5 - 3　QQ 注册用户数量回归结果

在图 5 - 3 中, 滞后一阶因变量对应的 P 值在统计上很显著, R 平方高达 0.9869, 表明该一元线性方程大约可以解释注册用户量 98.69% 的变化。由此, 我们得到了描述 QQ 注册用户数量的一元线性预测方程:

$$user_t = 1.1237 user_{t-1} + 68.0058 \qquad (5-2)$$

5.1.4　评估预测方程的预测性能

我们以 2008 年和 2009 年的实际值作为测试集, 用于检验预测模型的预测表现, 详情如表 5 - 2 所示。在该表中, 根据式 (5 - 1) 预测方程得出的相对预测误差分别为 8.35%、0.96%, 2008 ~ 2009 年的两年平均预测误差为 4.66%。总体而言, 预测表现优秀。

表 5-2   2008～2009 年 QQ 注册用户数量实际值、预测值及预测误差

年份	$user = 108.457t - 50.214$			$user_t = 1.1237 user_{t-1} + 68.0058$		
	实际值（百万人）	预测值（百万人）	预测误差（%）	实际值（百万人）	预测值（百万人）	预测误差（%）
2008	891.9	817.4	8.35	891.9	901.5	1.07
2009	934.9	925.9	0.96	934.9	1070.3	14.48
	平均预测误差		4.66	平均预测误差		7.78

在表 5-2 中，根据式（5-2）预测方程得出的相对预测误差分别为 1.07%、14.48%，2008～2009 年的两年平均预测误差为 7.78%。总体而言，预测表现良好。注意到，2009 年的预测误差很大，达到了 14.48%。前文提及，9.3 亿～10 亿注册用户大约就是 QQ 用户数量天花板了，所以根据式（5-2）预测方程得出 2009 年 QQ 注册用户数量为 10.7 亿人，这个值偏高了。

5.2 微信活跃用户量预测

5.2.1 原始数据

表 5-3 展示了 2012～2016 年微信活跃用户数量的变化情况。仅仅 5 年时间，微信活跃用户就从 2012 年的 1.57 亿人增长到了 2016 年的 8.89 亿人。同 QQ 注册用户一样，微信活跃用户在我国的极限值大约为 9.5 亿～10 亿人。

表 5 − 3　　　　　　　　2012 ～ 2016 年微信活跃用户数量

项目	2012 年	2013 年	2014 年	2015 年	2016 年
活跃用户 user（百万人）	157	355	500	697	889
时间趋势 t	1	2	3	4	5

5.2.2　在 Excel 设置时间 t 及做出散点图

图 5 − 4 展示了 2012 ～ 2016 年微信活跃用户数量散点图及趋势线。从图中可见，表示微信活跃用户量的几乎所有实心圆点都紧密贴着趋势线，因此该时间序列类别属于青云直上。这意味着，一元线性趋势方程就可以很好地拟合微信活跃用户量。

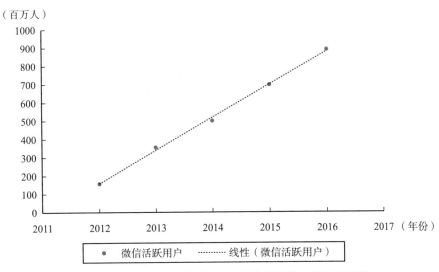

图 5 − 4　2012 ～ 2016 年微信活跃用户数量散点图及趋势线

5.2.3 依据三体预测法构建预测模型

由于样本量很小，因此我们以 2012～2015 年的微信活跃用户量作为训练集（$t=1$ 对应 2012 年，t 按步长 1 增加，$t=4$ 对应 2015 年），使用 Stata 软件，把微信活跃用户量对时间 t 进行回归，结果如图 5-5 所示。

```
regress user t in 1/4

   Source |       SS          df        MS           Number of obs  =           4
          |                                          F(1, 2)        =      564.86
    Model | 155761.25          1     155761.25       Prob > F       =      0.0018
 Residual |     551.5          2        275.75       R-squared      =      0.9965
          |                                          Adj R-squared  =      0.9947
    Total | 156312.75          3      52104.25       Root MSE       =      16.606


     user |    Coef.     Std. Err.        t      P>|t|      [95% Conf. Interval]

        t |     176.5    7.426305      23.77      0.002      144.5472      208.4528
    _cons |      -14    20.33777      -0.69      0.562     -101.5064      73.50637
```

图 5-5   微信活跃用户数量回归结果

注：Stata 的回归命令在图中左上角。

在图 5-5 中，时间趋势 t 对应的 P 值在统计上很显著，R 平方高达 0.9965，表明该一元线性方程大约可以解释注册用户量 99.65% 的变化。由此，我们得到了描述微信活跃用户数量的一元线性预测方程：

$$user = 176.5t - 14 \qquad (5-3)$$

5.2.4 评估预测方程的预测性能

式（5-3）相当简洁优美。我们以 2016 年的实际值作为测试集，用于检验预测模型的预测表现，详情如表5-4所示。在该表中，根据式（5-3）预测方程得出2016年微信活跃用户数量的相对预测误差为2.31%。总体而言，预测表现很优秀。表5-4中还报告了2012~2015年，根据式（5-3）得出的微信活跃用户数量预测值，以及对应的预测误差。

表5-4　　2012~2016年微信活跃用户数量实际值、预测值及预测误差

项目	2012 年	2013 年	2014 年	2015 年	2016 年
活跃用户（百万人）	157	355	500	697	889
预测值（百万人）	162.5	339	515.5	692	868.5
相对预测误差（%）	3.50	4.51	3.10	0.72	2.31

5.3 支付宝注册用户量预测

5.3.1 原始数据

表5-5展示了2004~2012年支付宝注册用户数量的变化情况。截至2012年，支付宝注册用户已经高达8亿人。同QQ注册用户和微信活跃用户一样，支付宝注册用户在我国的极限值大约为9.5亿~10亿人。因此从2013年开始，支付宝注册用户的边际增长率大概率是递减的。

表 5 – 5 2004 ~ 2012 年支付宝注册用户数量

年份	2004	2005	2006	2007	2008	2009	2010	2011	2012
支付宝用户（百万人）	0.3	11	39	72	150	340	550	650	800
时间趋势 t	1	2	3	4	5	6	7	8	9

5.3.2 在 Excel 设置时间 t 及做出走势图

图 5 – 6 展示了 2004 ~ 2012 年支付宝注册用户数量走势。从图中可见，该时间序列走势比较复杂，具有典型的非线性特征。

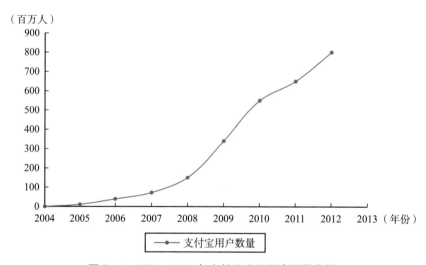

图 5 – 6 2004 ~ 2012 年支付宝注册用户数量走势

5.3.3 依据三体预测法构建预测模型

从图 5 – 6 可知，支付宝注册用户数量走势图比较复杂；又由于样本量很小，因此我们需要尽可能多的样本进行训练。综上分析，我们以

2004～2011 年的支付宝注册用户量作为训练集，用滞后一阶项去解释
注册用户量，结果如图 5-7 所示。

```
reg user L1.user in 1/8
```

Source	SS	df	MS			
				Number of obs	=	7
				F(1, 5)	=	70.90
Model	374467.984	1	374467.984	Prob > F	=	0.0004
Residual	26408.873	5	5281.77459	R-squared	=	0.9341
				Adj R-squared	=	0.9209
Total	400876.857	6	66812.8095	Root MSE	=	72.676

user	Coef.	Std. Err.	t	P>|t|	[95% Conf. Interval]	
user						
L1.	1.213164	.1440794	8.42	0.000	.8427956	1.583532
_cons	57.41999	36.42618	1.58	0.176	-36.21647	151.0565

图 5-7　支付宝注册用户数量回归结果

注：Stata 的回归命令在图中左上角。

在图 5-7 中，滞后一阶因变量对应的 P 值在统计上很显著，R 平
方达到了 0.9341，大于 0.9，符合三体模型的确定准则。考虑到该时间
序列为年度数据集，因此这个 R 平方基本上可以接受。由此，我们得
到了描述支付宝注册用户数量的预测方程：

$$user_t = 1.2132user_{t-1} + 57.42 \tag{5-4}$$

5.3.4　评估预测方程的预测性能

我们用 2012 年的数据作为测试集，根据式（5-4）得出预测值为
846，而 2012 年的实际值为 800，由此计算得到的预测误差为 5.75%。

5.4 360 手机卫士用户量预测

5.4.1 原始数据

表 5 - 6 展示了 2011～2016 年 360 手机卫士用户数量的变化情况。截至 2016 年，360 手机卫士用户数量已经高达 9 亿人。与 QQ 注册用户、微信活跃用户及支付宝注册用户类似，360 手机卫士用户数量在我国的极限值大约为 9.5 亿～10 亿人。因此从 2017 年开始，360 手机卫士用户数量的增长率缓慢增长，而且边际增长率会递减。

表 5 - 6   2011～2016 年 360 手机卫士用户数量

项目	2011 年	2012 年	2013 年	2014 年	2015 年	2016 年	备注	推出日期
360 手机卫士（百万人）	53	207	467	744	800	900	注册用户	2009 年 11 月

5.4.2 在 Excel 设置时间 t 及做出走势图

图 5 - 8 展示了 2011～2016 年 360 手机卫士用户数量走势。从图中可见，该时间序列走势比较复杂，没有表现出明显的线性特征。

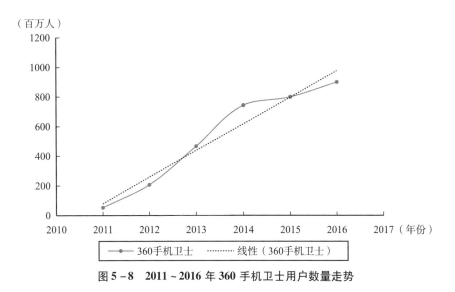

（百万人）

图 5 - 8　2011 ～ 2016 年 360 手机卫士用户数量走势

5.4.3　依据三体预测法构建预测模型

从图 5 - 8 可知，360 手机卫士用户数量走势图比较复杂，没有展现明显的线性特征；又由于样本量很小，至多有 5 个样本作为训练集。综上，我们以 2011 ～ 2016 年的用户量作为训练集，且用滞后一阶项去解释用户量，其回归结果如图 5 - 9 所示。

在图 5 - 9 中，滞后一阶因变量对应的 P 值在统计上近似达到了 5% 的显著水平，R 平方达到了 0.887，近似 0.9，基本符合三体模型的确定准则。考虑到该时间序列为年度数据集，且训练集样本量很小，仅有 4 个数据。因此这个 R 平方基本上可以接受。由此，我们得到了描述 360 手机卫士用户数量的预测方程：

$$user_t = 0.8491 user_{t-1} + 242.253 \qquad (5-5)$$

```
regress user L1.user in 1/5

    Source  |       SS       df       MS              Number of obs  =        4
------------+----------------------------------      F(1, 2)        =    15.70
      Model |   199208.5      1     199208.5          Prob > F       =   0.0582
   Residual |    25384.5      2     12692.25          R-squared      =   0.8870
------------+----------------------------------      Adj R-squared  =   0.8305
      Total |    224593       3   74864.3333          Root MSE       =   112.66

------------+----------------------------------------------------------------
       user |      Coef.   Std. Err.      t    P>|t|     [95% Conf. Interval]
------------+----------------------------------------------------------------
       user |
        L1. |   .8490741   .2143192     3.96   0.058    -.0730668    1.771215
      _cons |    242.253   96.87623     2.50   0.130    -174.5718    659.0778
------------------------------------------------------------------------------
```

图 5 - 9   360 手机卫士用户数量回归结果

注：Stata 的回归命令在图中左上角。

5.4.4   评估预测方程的预测性能

用 2016 年的数据作为测试集，根据式（5 - 5）得出预测值为 922，而 2016 年的实际值为 900，所以预测误差为 2.39%。

5.5   当当网用户量预测

5.5.1   原始数据

表 5 - 7 展示了 2010 ~ 2015 年当当网用户数量的变化情况。截至 2015 年，当当网用户量为 2350 万人。作为曾经的电子书和音像产品头

部网络零售商，在 2015 年之后的中国电商市场格局下，几千万人级别
的用户量大概就是当当网的天花板了。

表 5 – 7　　　　　　　　　2010～2015 年当当网用户数量

项目	2010 年	2011 年	2012 年	2013 年	2014 年	2015 年	备注	成立日期
当当网（百万人）	8.6	12.3	15.7	20.9	23.2	23.5	年活跃用户	1999 年 11 月

5.5.2　在 Excel 设置时间 t 及做出走势图

图 5 – 10 展示了 2010～2015 年当当网用户数量走势。从图中可见，
该时间序列走势没有表现出明显的线性特征，曲线前半部分走势较为陡
峭，后半部分走势平缓。

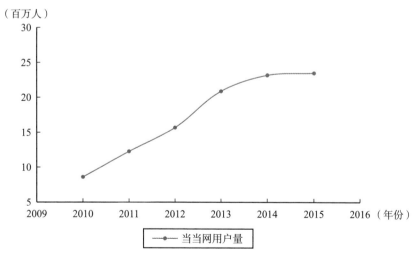

图 5 – 10　2010～2015 年当当网用户数量走势

5.5.3　依据三体预测法构建预测模型

从图 5 - 10 可知，当当网用户数量走势前半部分较为陡峭，后半部分平缓，没有展现明显的线性特征；又因样本量很小，至多有 5 个样本作为训练集。综上，我们以 2010 ~ 2014 年的用户量作为训练集，使用滞后一阶项去解释用户量，其回归结果如图 5 - 11 所示。

```
regress user L1.user in 1/5

    Source |       SS           df       MS      Number of obs   =         4
                                                 F(1, 2)         =     36.84
     Model | 69.4568006          1  69.4568006   Prob > F        =    0.0261
  Residual |  3.7707038          2   1.8853519   R-squared       =    0.9485
                                                 Adj R-squared   =    0.9228
     Total | 73.2275044          3  24.4091681   Root MSE        =    1.3731

      user |      Coef.   Std. Err.      t    P>|t|     [95% Conf. Interval]

      user |
       L1. |   .9204148    .151643     6.07   0.026     .2679476    1.572882

     _cons |   4.794037   2.285424     2.10   0.171     -5.03935    14.62742
```

图 5 - 11　当当网用户数量回归结果

注：Stata 的回归命令在图中左上角。

在图 5 - 11 中，滞后一阶因变量对应的 P 值在统计上达到了 5% 的显著水平，R 平方高达 0.9485，符合三体模型的确定准则。考虑到该时间序列为年度数据集，且训练集样本量很小，仅有 4 个数据。因此这个 R 平方是令人满意的。由此，我们得到了关于当当网用户数量的预测方程：

$$user_t = 0.9204 user_{t-1} + 4.794 \qquad (5-6)$$

5.5.4　评估预测方程的预测性能

式（5-6）相当简洁优美。我们以 2015 年的实际值作为测试集，用于检验预测模型的预测表现，详情如表 5-8 所示。在该表中，根据式（5-6）预测方程得出 2015 年当当网用户数量的相对预测误差为11.27%。这个预测误差相对较大。表 5-8 中还报告了 2011～2014 年当当网活跃用户数量的预测值及预测误差，从表中可见，预测误差处于区间 [2.64%，7.92%]，平均预测误差只有 4.45%。

表 5-8　　　　2011～2015 年当当网用户数量实际值、预测值及预测误差

项目	2011 年	2012 年	2013 年	2014 年	2015 年
活跃用户（百万人）	12.3	15.7	20.9	23.2	23.5
预测值（百万人）	12.7	16.1	19.2	24.0	26.1
相对预测误差（%）	3.67	2.64	7.92	3.58	11.27

5.6　摩拜用户量预测

5.6.1　原始数据

在移动互联网时代，共享经济大放异彩，出现了许多现象级的共享经济平台型企业，例如共享出行领域的滴滴、快车、摩拜等，共享住宿

领域的爱彼迎（Airbnb）。本节考虑使用三体模型和三体预测法对共享出行领域的摩拜单车用户量进行预测研究，以检验三体模型的预测表现。表5-9列出了2016年7月~2017年6月摩拜单车每月用户规模数据。

表5-9 　　　　　　　2016 年 7 月 ~ 2017 年 6 月摩拜用户数量 　　　　单位：万人

项目	2016年	2016年	2016年	2016年	2016年	2016年	2017年	2017年	2017年	2017年	2017年	2017年
月份	7月	8月	9月	10月	11月	12月	1月	2月	3月	4月	5月	6月
用户量 user	38	89	236	358	384	621	810	1341	2238	3119	3454	3432
时间趋势 t	1	2	3	4	5	6	7	8	9	10	11	12

从表5-9可见，2017年5月和6月，摩拜用户规模分别为3454万人和3432万人。这表明，3500万人级别或许就是摩拜单车每月用户规模的天花板（现实中允许波动，即出现3600万人级别的每月用户规模）。因此，我们在构建预测模型进行预测时，尤其需要注意这点。

5.6.2　在 Excel 设置时间 t 及做出走势图

图5-12展示了2016年7月~2017年6月摩拜单车用户数量走势。从图中可见，该时间序列走势比较复杂，具有典型的非线性特征。从该图可见，第11期和第12期数据（$t=11$，12分别对应2017年5月和6月）走势平缓。

178

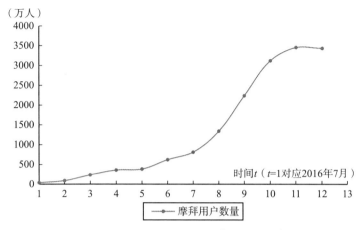

图 5 - 12　2016 年 7 月 ~ 2017 年 6 月摩拜每月用户数量走势

5.6.3　依据三体预测法构建预测模型

前文分析，3500 万人级别或许是摩拜单车每月用户规模的天花板。因此，我们使用 2016 年 7 月 ~ 2017 年 2 月的用户量作为训练集（一共 8 个样本观察值），以 2017 年 3 ~ 5 月的数据作为测试集。我们使用滞后一阶项去解释用户量，其回归结果如图 5 - 13 所示。

```
regress user L1.user in 1/8
```

Source	SS	df	MS		
				Number of obs =	7
				F(1, 5) =	75.00
Model	1006723.6	1	1006723.6	Prob > F =	0.0003
Residual	67118.11	5	13423.622	R-squared =	0.9375
				Adj R-squared =	0.9250
Total	1073841.71	6	178973.619	Root MSE =	115.86

user	Coef.	Std. Err.	t	P>|t|	[95% Conf. Interval]	
user L1.	1.473509	.1701502	8.66	0.000	1.036124	1.910894
_cons	14.59734	75.61428	0.19	0.855	-179.7753	208.97

图 5 - 13　摩拜用户数量回归结果

注：Stata 的回归命令在图中左上角。

在图 5 – 13 中，滞后一阶因变量对应的 P 值在统计上达到了 0.1% 的显著水平，R 平方高达 0.9375，大于 0.9，符合三体模型的确定准则。考虑到该时间序列的训练集只有 8 个样本。因此这个 R 平方基本令人满意。由此，我们得到了关于摩拜用户数量的预测方程：

$$user_t = 1.4735 user_{t-1} + 14.597 \qquad (5-7)$$

5.6.4 评估预测方程的预测性能

式（5 – 7）相当简洁优美。我们以 2017 年 3 ~ 5 月的实际用户量作为测试集，用于检验预测模型的预测表现，详情如表 5 – 10 所示。2017 年 3 ~ 5 月，摩拜用户量的相对预测误差分别为 11.06%、6.20%、33.48%。注意到，2017 年 4 月摩拜用户量的预测值为 3312 万人（预测误差只有 6.20%），这个预测值接近 3400 万人。

表 5 – 10　　　2017 年 3 ~ 5 月摩拜用户数量实际值、预测值及预测误差

项目	3 月	4 月	5 月
用户规模（万人）	2238	3119	3454
预测值（万人）	1991	3312	4610
相对预测误差（%）	11.06	6.20	33.48

2017 年 5 月，摩拜用户量的预测误差高达 33.48%，预测值为 4610 万人级别。在实践中，对于这个预测值，高管们要保持足够的警觉，以这个预测值做计划时要十分谨慎，要避免制订的销售和运营计划（SOP）过于激进，避免扩展太快导致失控。这从侧面说明，对于某些定量预测值，高管们要结合实际情况辅以定性分析。

第 6 章

预测模型比较及总结

本章简要对指数平滑法、移动平均法、向量自回归等常见的预测模型和预测方法进行评论，并与三体模型和三体预测法进行简要比较，以便让读者进一步认识上述几种预测方法的优缺点，让读者进一步认识三体模型及三体预测法的优势。

6.1 三体模型与指数平滑法比较

6.1.1 指数平滑法简介

指数平滑法是常见的预测方法，其简单易学，数学表达式如下：

$$F_t = \alpha F_{t-1} + \beta R_{t-1} \tag{6-1}$$

其中，$0 < \alpha < 1$，$0 < \beta < 1$，$\alpha + \beta = 1$，F_t 表示第 t 期的预测值，F_{t-1} 表示第 $t-1$ 期的预测值，R_{t-1} 表示第 $t-1$ 期的真实值。

根据式（6-1）可知，该公式要得到有效的、顺利的使用，需要具备两个条件：（1）需要主观确定权重 α、β；（2）要得到第 t 期的预测值，即 F_t，首先要确定第 1 期的预测值 F_1，以及需要来自实际或实践的第 1 期真实值 R_1。

6.1.2　指数平滑法的优点和缺点

式（6-1）看起来简洁优美，易学易用，然而预测性能较差。由于上述两个使用条件，产生了两个大弊端：（1）需要主观确定权重 α 和 β，而 α 和 β 之间有无穷多种取值组合存在，在没有客观决策准则的情况下，人为主观确定 α 和 β 的取值，必然导致得到最优值的概率是极小的；（2）要想使指数平滑法顺利展开，首先要确定第 1 期的预测值 F_1，"万事开头难"，要获得第 1 期的预测值，对一些初创企业、新开业分店等组织而言，都是比较困难的。

无论对于何种预测模型及预测方法，要确定第 1 期的预测值 F_1，现实中不存在完美的方法，一般情况只能由管理者根据经验，或参考同类组织，或根据行业惯例等情况来确定。得出第 1 期的预测值和真实值以后，要得到第 2 期的预测值，则相对容易许多。在实践中，很多管理者根据增长率目标值（比如 20%、30%）来确定：例如，假设第 2 期增长率为 20%，那么 $F_2 = 1.2F_1$。从这点来看，指数平滑法优势并不明显。

根据上述讨论，我们可以从逻辑上判断，指数平滑法只是一种可能获得局部最优的预测模型，很难从整体上获得最优。在许多情况下，该法都是一种很随意的、很主观的预测模型及方法，在逻辑上它只是在概率上做到局部最优，甚至很难做到局部最优，更别说整体最优了，所以在实践中该法的预测表现很难令人满意。

6.1.3 三体模型的优点

从理论角度而言，要得到一个预测性能优秀的预测模型，需要具备两个条件：（1）根据若干准则，预测模型能够从全局系统上获得最优解；（2）被预测对象的历史数据足够多，从而具备充分的训练数据进行训练，以便得出具有优秀表现的预测模型。

对于上述第一个条件，我们可以从系统论角度进行理解：把被预测对象看作一个系统，那么全局系统可以分为若干子系统。根据系统论，子系统之间互相作用，互相影响；某个子系统获得最优化，并不会导致全局系统获得最优化。

对于上述第二个条件，我们可以从学习视角进行理解：把预测模型看作一个能够"学习"的主体，那么要构建一个表现优秀的预测模型，需要具备足够多的案例，以便主体能够进行充分学习。举个通俗的例子，一个优秀的医生或工程师，需要很多年的案例学习和积累、很多年的训练，才能成为优秀的专业人士。

研究及实践表明，本书提出的三体模型，就具备了优秀预测模型所需的两个条件：（1）三体模型基于最小平方法（least square method）原理，是一种寻求全局系统最优的预测模型；（2）确定三体模型需要充分的训练集，对于中小样本（例如 8~9 个）和大样本构成的训练集，三体模型都是适用的，能获得优秀的预测表现。

6.2 三体模型与移动平均 MA 比较

6.2.1 移动平均法（MA）简介

移动平均法是常见的预测方法，2 阶移动平均的数学表达式如下：

$$F_t = \frac{1}{2}R_{t-1} + \frac{1}{2}R_{t-2} \qquad (6-2)$$

同理，3 阶移动平均的数学表达式如下：

$$F_t = \frac{1}{3}R_{t-1} + \frac{1}{3}R_{t-2} + \frac{1}{3}R_{t-3} \qquad (6-3)$$

在式（6-2）和式（6-3）中，F_t 表示第 t 期的预测值，R_{t-1} 表示第 $t-1$ 期的真实值，R_{t-2} 表示第 $t-2$ 期的真实值，R_{t-3} 表示第 $t-3$ 期的真实值。

6.2.2 移动平均法的优点和缺点

式（6-2）和式（6-3）形式简单，易学易用。然而，该法同样具有两大缺点：（1）该法对于权重（即上述两式中系数值 $\frac{1}{2}$ 和 $\frac{1}{3}$ 的确定），采取的是平均方法，而简单取平均值同样是主观的，在某种程度上是随意的；（2）对于如何实现全局最优，该法缺乏判断准则，因此该法同样是一种局部优化方法，无法实现全局最优。

在实践中，为了克服移动平均法之不足，人们发展出了加权移动平均法。比如，对于式（6-2），可以考虑的权重为0.3、0.7，或者0.4、0.6。又如，对于式（6-3），可以考虑的权重为0.3、0.4、0.3，或者0.4、0.4、0.2。显而易见，加权移动平均法同样无法克服上述两大缺点。

6.2.3　三体模型的优点

图6-1展示了三体模型的结构，它由三部分构成。前文提及，三体模型基于最小平方法原理，是一种寻求全局系统最优的预测模型。因此，总体而言，三体模型的预测表现是优于移动平均法的。

对于某些时间序列类别，当三体模型的第1部分和第2部分不需要出现时，式（3-2）就退化为式（6-4）或式（6-5）。仔细观察式（6-4）和式（6-2），以及式（6-5）和式（6-3），可以发现它们之间有些相似之处。

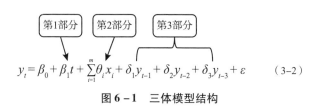

$$y_t = \beta_0 + \beta_1 t + \sum_{i=1}^{m} \theta_i x_i + \delta_1 y_{t-1} + \delta_2 y_{t-2} + \delta_3 y_{t-3} + \varepsilon \qquad (3\text{-}2)$$

图6-1　三体模型结构

比较式（6-4）和式（6-2），可以发现，两个公式都需要滞后2期的真实值做预测。两个公式之间的差异在于：式（6-2）人为规定了两个右端项的系数为0.5，而式（6-4）中两个右端项的系数 δ_1 和 δ_2 具体取值多少，取决于根据最小平方法原理所得到的回归结果（在特殊情况下，δ_1 和 δ_2 经过回归可以取值0.5，但这属于罕见的情况）；

而且式（6-4）多了一个常数项 β_0。

$$y_t = \beta_0 + \delta_1 y_{t-1} + \delta_2 y_{t-2} + \varepsilon \qquad (6-4)$$

同理，式（6-5）和式（6-3）之间的异同，与上述类似，不再赘述。

$$y_t = \beta_0 + \delta_1 y_{t-1} + \delta_2 y_{t-2} + \delta_3 y_{t-3} + \varepsilon \qquad (6-5)$$

6.3 三体模型与向量自回归 AR 比较

6.3.1 向量自回归（AR）简介

向量自回归（AR）是常见的预测方法，2 阶向量自回归 AR（2）的数学表达式如下：

$$Y_t = \delta_0 + \delta_1 Y_{t-1} + \delta_2 Y_{t-2} + \varepsilon \qquad (6-6)$$

同理，3 阶向量自回归 AR（3）的数学表达式如下：

$$Y_t = \delta_0 + \delta_1 Y_{t-1} + \delta_2 Y_{t-2} + \delta_3 Y_{t-3} + \varepsilon \qquad (6-7)$$

在式（6-6）和式（6-7）中，Y_t 表示第 t 期的预测值，Y_{t-1} 表示第 $t-1$ 期的真实值，Y_{t-2} 表示第 $t-2$ 期的真实值，Y_{t-3} 表示第 $t-3$ 期的真实值，δ_0 表示常数项。

6.3.2 向量自回归的优点和缺点

式（6-6）和式（6-7）形式简单，易学易用。对于式（6-6），只需要在统计软件 Stata 中输入命令即可：regress y L1. y L2. y（假设读者已经完成了 tsset 操作，并且目标数据集为训练集）。同理，对于式（6-7），只需要在统计软件 Stata 中输入命令：regress y L1. y L2. y L3. y。

从式（6-6）和式（6-7）可知，向量自回归也是一种基于最小平方法原理寻求全局最优的预测模型。对于某些时间序列，AR(1)、AR(2) 和 AR(3) 可以有效应对。本书第 4 章第 4.14 节"大连港和天津港货物年吞吐量预测"的例子，以及第 4.19 节"中国城镇和农村家庭人均可支配收入"的例子，都已经得到了验证。这是 AR 的第二个优点。

然而，AR 法也存在两个缺点：（1）若 AR 阶数过多，则对于小样本的时间序列，造成样本容量损失，导致预测性能下降；（2）对于某些时间序列类别，AR 无法有效处理及应对，导致预测模型的预测表现很差。本书第 4 章第 4.16 节"海口港货物吞吐量月度数据预测"的例子，得到了验证。

在第 4 章第 4.16 节的例子中，基于 AR(2) 得到 R 平方仅有 0.2099，远低于 0.90。而我们应用三体模型得到了 2 个预测模型，其 R 平方分别达到 0.8880、0.8692（均接近 90%），比 0.2099 分别提高了 67.81%、65.93%。

6.3.3　三体模型的优点

对于某些时间序列类别，当三体模型的第 1 部分和第 2 部分不需要出现时，式（3-2）就退化为式（6-4）或式（6-5）。仔细观察式（6-4）和式（6-6），以及式（6-5）和式（6-7），可以发现，它们之间是完全一样的。然而，对于 AR 法的两个缺点，三体模型能够更好地处理及应对，本书第 4 章第 4.16 节的例子已经得到了验证。

在图 6-1 中，三体模型由三部分构成，比 AR 多了两个部分，这意味着对于某些时间序列类别，AR 法无力应对，而三体模型却能轻松处理。在实践中，人们为了克服 AR 和 MA 的缺点，发展出了结合 MA 和 AR 两者优点的预测模型，比如 ARIMA 模型（向量自回归集成移动平均），或其他变种。而本书的三体模型，相比 ARIMA 等模型，同样展示出了优秀的预测表现。

6.4 三体模型与其他预测模型比较

本书第 4 章通过 21 个实例，详细展示了三体模型及三体预测法的具体应用。在演示实例过程中，我们顺便与其他预测模型进行了比较。例如第 4 章第 4.6 节的例子中，我们把三体模型与 FMGM(1, N) 模型、NSGM(1, N) 模型、GM(1, 1) 模型、ARIMA 模型进行了比较，结果表明，三体模型的预测性能均优于上述 4 个模型，更优于 LSTM 模型和 SVM 模型。

在本书第 4 章第 4.10 节的例子中，我们把三体模型与 HWA、HWM、SVR、SARIMA 模型进行了比较，结果表明，总体上三体模型的预测性能优于上述 4 个。在本书第 4 章第 4.18 节的例子中，我们把三体模型与 DGMP(1, 1, 1) 模型和 DGMP(1, 1, 2) 模型进行了比较，结果表明，三体模型的预测表现优于上述 2 个。

在本书第 4 章第 4.19 节的例子中，我们把三体模型与 GDGM(1, 1)、DGM(1, 1)、NDGM(1, 1) 及 TDGM(1, 1) 模型进行了比较，结果表明，三体模型的预测表现优于上述 4 个。在本书第 4 章第 4.20

节的例子中，我们把三体模型与 DLDGM（1，N）模型、DGM（1，N）模型及 GM（1，N）模型进行了比较，结果表明，三体模型的预测表现优于 DGM（1，N）模型和 GM（1，N）模型。

综上，相较于其他预测模型，三体模型展示出了独特的优点。

6.5 总结

本书通过 27 个实例的演示，全面展示了三体模型和三体预测法的应用过程。三体模型在泛化能力、易学易用、简洁性及预测表现上，都展示出了优势。我们坚信，读者通过本书第 4 章 21 个实例的操作，能深刻体会到三体模型的精妙之处，能深刻体会到三体预测法的简洁实用，易学易用。

附 录

附录1 中国五大港口每月集装箱吞吐量

附表 1-1　　2005 年 1 月~2021 年 12 月上海港集装箱月吞吐量

单位：万标准箱

年份	1 月	2 月	3 月	4 月	5 月	6 月	7 月	8 月	9 月	10 月	11 月	12 月
2005	140	111	142	150	150	153	160	160	156	156	155	161
2006	162	125	168	178	180	186	190	195	200	190	191	194
2007	205	180	203	220	220	222	227	230	225	225	225	230
2008	235	182	239	240	235	243	235	255	235	240	230	222
2009	195	148	218	195	208	200	215	217	223	217	215	245
2010	225	188	232	234	257	244	257	263	253	236	262	249
2011	270	194	263	263	278	260	290	277	275	265	262	266
2012	261	218	277	270	288	279	285	260	291	270	278	281
2013	290	196	288	282	293	277	298	295	290	277	298	270
2014	301	221	302	298	300	303	305	310	295	300	290	290
2015	315	252	310	310	315	307	310	315	310	302	304	307
2016	298	257	300	312	312	310	325	330	313	322	320	314
2017	328	262	340	323	350	340	350	345	338	340	355	352
2018	339	293	338	352	362	360	355	347	381	353	350	371
2019	375	286	381	361	376	376	385	376	371	363	355	327
2020	360	230	343	351	362	360	390	384	385	420	401	364
2021	404	341	390	372	379	409	370	432	383	419	406	398

附表 1－2　　2005 年 1 月～2021 年 12 月广州港集装箱月吞吐量

单位：万标准箱

年份	1 月	2 月	3 月	4 月	5 月	6 月	7 月	8 月	9 月	10 月	11 月	12 月
2005	31	22	34	41	37	36	35	38	44	46	49	47
2006	47	43	55	54	51	50	54	53	60	63	63	59
2007	68	61	65	73	72	73	77	79	82	80	78	87
2008	98	81	97	98	104	108	97	80	78	86	85	69
2009	68	61	85	91	99	100	98	100	100	96	98	109
2010	108	74	98	106	109	101	103	104	103	106	111	124
2011	103	71	112	119	119	118	126	130	128	127	128	136
2012	97	101	126	124	131	117	115	123	127	116	122	132
2013	118	79	121	131	130	127	131	130	135	140	140	138
2014	118	92	138	136	135	134	136	138	129	150	155	156
2015	145	95	134	142	148	149	142	143	144	150	162	169
2016	145	95	153	153	151	154	152	154	161	169	176	203
2017	146	127	171	170	173	173	178	167	177	175	180	180
2018	181	129	175	185	190	183	189	192	168	187	190	195
2019	190	140	199	187	189	189	193	197	200	198	201	201
2020	170	115	189	197	200	205	212	206	204	206	209	206
2021	203	142	210	211	203	208	205	205	199	237	212	214

附表 1－3　　2005 年 1 月～2021 年 12 月厦门港集装箱月吞吐量

单位：万标准箱

年份	1 月	2 月	3 月	4 月	5 月	6 月	7 月	8 月	9 月	10 月	11 月	12 月
2005	31	20	26	28	27	28	30	30	28	28	28	29
2006	35	23	33	33	31	32	34	36	35	32	33	47
2007	38	31	35	37	37	41	39	39	41	38	41	43
2008	43	30	38	41	44	45	44	47	42	43	41	39
2009	38	27	36	35	39	36	39	42	41	41	45	43

续表

年份	1 月	2 月	3 月	4 月	5 月	6 月	7 月	8 月	9 月	10 月	11 月	12 月
2010	47	37	45	46	49	49	51	53	50	47	51	55
2011	55	34	48	49	52	51	57	58	60	59	61	63
2012	52	43	54	57	57	57	62	64	65	68	69	70
2013	62	47	67	66	66	65	69	71	70	73	71	75
2014	65	51	70	72	71	72	75	73	76	74	80	77
2015	71	56	72	77	79	80	82	81	79	79	80	81
2016	74	56	75	80	78	83	86	86	83	87	86	88
2017	80	62	82	79	86	90	95	94	92	93	94	92
2018	89	71	90	87	87	93	94	96	93	90	88	93
2019	94	76	99	98	92	96	96	91	94	91	91	93
2020	92	64	95	85	92	101	101	100	106	104	100	100
2021	101	81	97	100	103	107	106	104	99	100	101	104

附表 1-4   2005 年 1 月 ~ 2021 年 12 月深圳港集装箱月吞吐量

单位：万标准箱

年份	1 月	2 月	3 月	4 月	5 月	6 月	7 月	8 月	9 月	10 月	11 月	12 月
2005	131	93	116	129	134	127	137	150	151	146	134	144
2006	148	100	135	139	141	150	158	162	174	174	161	168
2007	156	139	120	164	161	170	167	190	204	190	189	229
2008	192	138	171	173	178	177	193	194	201	182	169	168
2009	159	100	134	129	147	137	150	173	171	167	169	176
2010	174	154	165	169	187	188	212	222	207	186	192	180
2011	206	129	166	177	187	192	205	212	202	196	189	187
2012	200	138	169	181	194	196	201	220	221	193	186	187
2013	199	152	177	182	195	194	207	209	200	198	199	198
2014	208	126	176	190	186	198	208	228	215	210	212	213
2015	216	186	166	188	193	203	210	227	216	201	205	210

年份	1 月	2 月	3 月	4 月	5 月	6 月	7 月	8 月	9 月	10 月	11 月	12 月
2016	216	159	181	195	204	194	211	224	216	194	209	195
2017	216	136	192	202	216	209	235	228	246	215	210	216
2018	236	188	179	195	209	208	228	234	229	219	230	219
2019	241	160	205	208	209	218	227	234	230	212	215	218
2020	229	121	184	171	181	221	240	262	282	258	248	257
2021	271	210	241	236	234	185	238	254	272	237	245	253

附表 1－5　　2005 年 1 月～2021 年 12 月大连港集装箱月吞吐量

单位：万标准箱

年份	1 月	2 月	3 月	4 月	5 月	6 月	7 月	8 月	9 月	10 月	11 月	12 月
2005	20	16	21	21	23	21	27	24	22	21	24	27
2006	23	18	24	25	26	29	30	29	30	29	29	28
2007	26	27	25	32	30	35	31	34	34	34	40	34
2008	37	28	36	36	36	42	40	41	40	38	40	42
2009	39	26	34	34	38	39	41	43	43	37	42	42
2010	42	34	40	41	43	43	43	48	48	48	48	47
2011	48	35	48	49	54	55	54	58	59	57	59	62
2012	54	56	55	60	67	70	72	74	76	73	75	75
2013	69	66	70	76	84	83	85	90	98	90	97	95
2014	75	63	77	81	83	84	86	91	99	93	95	85
2015	75	65	78	82	84	85	88	92	100	59	70	66
2016	68	65	80	83	87	89	93	93	95	66	67	74
2017	71	67	82	84	88	88	89	98	95	72	68	70
2018	72	67	82	84	87	88	89	97	95	72	70	72
2019	72	68	71	73	76	75	75	80	81	68	68	68
2020	65	42	46	48	48	49	50	49	32	28	31	23
2021	25	24	30	31	32	31	28	36	32	33	33	32

附录2　2016年九寨沟每日游客人数

附表 2－1 　　　　　　2016 年 1～4 月九寨沟每日游客人数 　　　　单位：人

日期	人数	日期	人数	日期	人数	日期	人数
1 月 1 日	3710	2 月 1 日	1982	3 月 1 日	3188	4 月 1 日	5985
1 月 2 日	10752	2 月 2 日	2305	3 月 2 日	4412	4 月 2 日	9289
1 月 3 日	2101	2 月 3 日	1944	3 月 3 日	4839	4 月 3 日	21197
1 月 4 日	1587	2 月 4 日	2320	3 月 4 日	4844	4 月 4 日	6943
1 月 5 日	1739	2 月 5 日	2071	3 月 5 日	13269	4 月 5 日	6080
1 月 6 日	3461	2 月 6 日	1668	3 月 6 日	7793	4 月 6 日	6381
1 月 7 日	2072	2 月 7 日	2033	3 月 7 日	6511	4 月 7 日	7976
1 月 8 日	2349	2 月 8 日	3565	3 月 8 日	11901	4 月 8 日	9467
1 月 9 日	3131	2 月 9 日	11577	3 月 9 日	14818	4 月 9 日	13081
1 月 10 日	1932	2 月 10 日	17153	3 月 10 日	10215	4 月 10 日	11983
1 月 11 日	1931	2 月 11 日	18675	3 月 11 日	12189	4 月 11 日	10158
1 月 12 日	1988	2 月 12 日	14325	3 月 12 日	23326	4 月 12 日	10780
1 月 13 日	1896	2 月 13 日	10215	3 月 13 日	12272	4 月 13 日	12025
1 月 14 日	2012	2 月 14 日	7762	3 月 14 日	7959	4 月 14 日	11735
1 月 15 日	2303	2 月 15 日	6763	3 月 15 日	12567	4 月 15 日	12960
1 月 16 日	3456	2 月 16 日	6425	3 月 16 日	16695	4 月 16 日	15662
1 月 17 日	2444	2 月 17 日	6333	3 月 17 日	14542	4 月 17 日	12646
1 月 18 日	1957	2 月 18 日	6112	3 月 18 日	14056	4 月 18 日	12713
1 月 19 日	2143	2 月 19 日	4924	3 月 19 日	27129	4 月 19 日	12750
1 月 20 日	1926	2 月 20 日	5795	3 月 20 日	13131	4 月 20 日	12512
1 月 21 日	2215	2 月 21 日	3067	3 月 21 日	9344	4 月 21 日	13403
1 月 22 日	2274	2 月 22 日	2119	3 月 22 日	16548	4 月 22 日	14979
1 月 23 日	3699	2 月 23 日	2090	3 月 23 日	19559	4 月 23 日	17624
1 月 24 日	2330	2 月 24 日	2466	3 月 24 日	14088	4 月 24 日	12383
1 月 25 日	2343	2 月 25 日	2758	3 月 25 日	16882	4 月 25 日	10936
1 月 26 日	2592	2 月 26 日	2923	3 月 26 日	30888	4 月 26 日	11117
1 月 27 日	2256	2 月 27 日	4609	3 月 27 日	21265	4 月 27 日	11617
1 月 28 日	2523	2 月 28 日	2987	3 月 28 日	16796	4 月 28 日	11444
1 月 29 日	2437	2 月 29 日	2375	3 月 29 日	24868	4 月 29 日	11216
1 月 30 日	3365	—	—	3 月 30 日	27831	4 月 30 日	13001
1 月 31 日	2126	—	—	3 月 31 日	23511	—	—

附表 2 - 2　　　　　　　　　**2016 年 5～8 月九寨沟每日游客人数**　　　　　　　单位：人

日期	人数	日期	人数	日期	人数	日期	人数
5 月 1 日	23159	6 月 1 日	10231	7 月 1 日	18991	8 月 1 日	27230
5 月 2 日	9715	6 月 2 日	10318	7 月 2 日	17540	8 月 2 日	29364
5 月 3 日	8522	6 月 3 日	12711	7 月 3 日	16677	8 月 3 日	34371
5 月 4 日	8765	6 月 4 日	13994	7 月 4 日	17380	8 月 4 日	32869
5 月 5 日	9322	6 月 5 日	11939	7 月 5 日	18806	8 月 5 日	36475
5 月 6 日	9540	6 月 6 日	12783	7 月 6 日	19908	8 月 6 日	31516
5 月 7 日	11210	6 月 7 日	14606	7 月 7 日	19717	8 月 7 日	32862
5 月 8 日	9717	6 月 8 日	13856	7 月 8 日	19638	8 月 8 日	33268
5 月 9 日	9603	6 月 9 日	13308	7 月 9 日	19558	8 月 9 日	34360
5 月 10 日	10584	6 月 10 日	21864	7 月 10 日	19391	8 月 10 日	38298
5 月 11 日	12371	6 月 11 日	13233	7 月 11 日	16734	8 月 11 日	34270
5 月 12 日	12010	6 月 12 日	12771	7 月 12 日	18273	8 月 12 日	37162
5 月 13 日	11379	6 月 13 日	11569	7 月 13 日	18954	8 月 13 日	31712
5 月 14 日	13336	6 月 14 日	13108	7 月 14 日	18219	8 月 14 日	31670
5 月 15 日	10963	6 月 15 日	14517	7 月 15 日	22513	8 月 15 日	29387
5 月 16 日	12193	6 月 16 日	14799	7 月 16 日	20523	8 月 16 日	29787
5 月 17 日	12302	6 月 17 日	16252	7 月 17 日	22119	8 月 17 日	31908
5 月 18 日	12512	6 月 18 日	17705	7 月 18 日	20133	8 月 18 日	27390
5 月 19 日	11682	6 月 19 日	17048	7 月 19 日	22577	8 月 19 日	30203
5 月 20 日	13717	6 月 20 日	16390	7 月 20 日	25795	8 月 20 日	24971
5 月 21 日	15228	6 月 21 日	13185	7 月 21 日	22787	8 月 21 日	26164
5 月 22 日	10696	6 月 22 日	12666	7 月 22 日	25017	8 月 22 日	23734
5 月 23 日	11047	6 月 23 日	11991	7 月 23 日	23154	8 月 23 日	23954
5 月 24 日	11298	6 月 24 日	13217	7 月 24 日	24610	8 月 24 日	25186
5 月 25 日	11549	6 月 25 日	13603	7 月 25 日	23459	8 月 25 日	21131
5 月 26 日	11018	6 月 26 日	13617	7 月 26 日	23485	8 月 26 日	19759
5 月 27 日	13102	6 月 27 日	13329	7 月 27 日	28336	8 月 27 日	17088
5 月 28 日	13173	6 月 28 日	12780	7 月 28 日	26497	8 月 28 日	13744
5 月 29 日	11678	6 月 29 日	13927	7 月 29 日	28961	8 月 29 日	11582
5 月 30 日	10657	6 月 30 日	13636	7 月 30 日	23459	8 月 30 日	10774
5 月 31 日	10063	—	—	7 月 31 日	27306	8 月 31 日	11874

附表 2－3　　　　　　2016 年 9～12 月九寨沟每日游客人数　　　　单位：人

日期	人数	日期	人数	日期	人数	日期	人数
9 月 1 日	13136	10 月 1 日	16301	11 月 1 日	11087	12 月 1 日	2424
9 月 2 日	15192	10 月 2 日	40813	11 月 2 日	13440	12 月 2 日	2893
9 月 3 日	16978	10 月 3 日	40995	11 月 3 日	13961	12 月 3 日	2920
9 月 4 日	18784	10 月 4 日	40998	11 月 4 日	14477	12 月 4 日	2690
9 月 5 日	18143	10 月 5 日	33014	11 月 5 日	14723	12 月 5 日	2111
9 月 6 日	19093	10 月 6 日	20762	11 月 6 日	9996	12 月 6 日	2576
9 月 7 日	19520	10 月 7 日	16413	11 月 7 日	7786	12 月 7 日	2949
9 月 8 日	18800	10 月 8 日	16594	11 月 8 日	7884	12 月 8 日	2015
9 月 9 日	19889	10 月 9 日	15150	11 月 9 日	7287	12 月 9 日	2685
9 月 10 日	20874	10 月 10 日	19440	11 月 10 日	7123	12 月 10 日	2536
9 月 11 日	19205	10 月 11 日	20468	11 月 11 日	6623	12 月 11 日	2322
9 月 12 日	21269	10 月 12 日	24772	11 月 12 日	6723	12 月 12 日	1957
9 月 13 日	23317	10 月 13 日	25659	11 月 13 日	5811	12 月 13 日	2604
9 月 14 日	17264	10 月 14 日	28607	11 月 14 日	4087	12 月 14 日	3303
9 月 15 日	18059	10 月 15 日	27642	11 月 15 日	3595	12 月 15 日	2014
9 月 16 日	21549	10 月 16 日	25559	11 月 16 日	9410	12 月 16 日	1869
9 月 17 日	13859	10 月 17 日	29467	11 月 17 日	7677	12 月 17 日	2372
9 月 18 日	19122	10 月 18 日	30165	11 月 18 日	8625	12 月 18 日	2005
9 月 19 日	22764	10 月 19 日	31098	11 月 19 日	6854	12 月 19 日	2011
9 月 20 日	23575	10 月 20 日	27548	11 月 20 日	5122	12 月 20 日	2090
9 月 21 日	27518	10 月 21 日	30586	11 月 21 日	6854	12 月 21 日	1882
9 月 22 日	26338	10 月 22 日	28918	11 月 22 日	8625	12 月 22 日	1789
9 月 23 日	27764	10 月 23 日	22214	11 月 23 日	5078	12 月 23 日	2197
9 月 24 日	23746	10 月 24 日	22117	11 月 24 日	4409	12 月 24 日	2602
9 月 25 日	20962	10 月 25 日	22018	11 月 25 日	3993	12 月 25 日	2224
9 月 26 日	18624	10 月 26 日	22604	11 月 26 日	4722	12 月 26 日	2068
9 月 27 日	19153	10 月 27 日	22314	11 月 27 日	3265	12 月 27 日	2320
9 月 28 日	16858	10 月 28 日	22548	11 月 28 日	2839	12 月 28 日	2081
9 月 29 日	14774	10 月 29 日	21318	11 月 29 日	2929	12 月 29 日	2073
9 月 30 日	16071	10 月 30 日	15602	11 月 30 日	2772	12 月 30 日	2156
—	—	10 月 31 日	11384	—	—	12 月 31 日	3369

附录3　Stata 教材和软件下载网址

（一）Stata 教材推荐

HAMILTON L C. 应用 Stata 做统计分析（更新至 Stata 12）[M]. 巫锡炜，焦开山，李丁，等，译. 北京：清华大学出版社，2017.

（二）Stata 软件下载网址

Stata 软件的官网：https：//www. stata. com。

参 考 文 献

［1］张健，孙玉莹，张新雨，等．基于时变模型平均方法的我国航空客运量预测［J］．系统工程理论与实践，2020，40（6）：153－163.

［2］梁小珍，张晴，杨明歌．面向网络搜索数据的航空客运需求两阶段分解集成预测模型［J］．管理评论，2021，33（5）：10.

［3］梁小珍，张倩文，杨明歌．基于 TEI@I 方法论的航空客运需求预测模型［J］．管理评论，2021（7）：237－246.

［4］沈超，王安宁，方钊，等．基于在线评论数据的产品需求趋势挖掘［J］．中国管理科学，2021，29（5）：211－220.

［5］龙勇，苏振宇，汪於．基于季节调整和 BP 神经网络的月度负荷预测［J］．系统工程理论与实践，2018，38（4）：1052－1060.

［6］梁小珍，乔晗，汪寿阳，等．基于奇异谱分析的我国航空客运量集成预测模型［J］．系统工程理论与实践，2017，37（6）：1479－1488.

［7］郑莉，段冬梅，陆凤彬，等．我国猪肉消费需求量集成预

测——基于 ARIMA，VAR 和 VEC 模型的实证［J］. 系统工程理论与实践，2013，33（4）：918－925.

［8］周宏，廖雪珍. 市场需求 Logit 组合预测的研究［J］. 系统工程理论与实践，2003，23（7）：63－69.

［9］曾波，李惠，余乐安，等. 季节波动数据特征提取与分数阶灰色预测建模［J］. 系统工程理论与实践，2022，42（2）：471－486.

［10］邹国焱，魏勇. 广义离散灰色预测模型及其应用［J］. 系统工程理论与实践，2020，40（3）：736－747.

［11］蒋诗泉，刘思峰，刘中侠，等. 三次时变参数离散灰色模型及其性质［J］. 控制与决策，2016，31（2）：279－286.

［12］伍德里奇. 计量经济学导论：现代观点（第6版）［M］. 北京：中国人民大学出版社，2018.

［13］韩伯棠. 管理运筹学：第5版［M］. 北京：高等教育出版社，2020.

［14］张玲玲，张笑，崔怡雯. 基于聚类方法的百度搜索指数关键词优化及客流量预测研究［J］. 管理评论，2021，30（8）：126－137.

［15］中国废弃电器电子产品回收处理及综合利用行业白皮书2020［J］. 家用电器，2021（06）：68－87.

［16］中国电子装备技术开发协会. 中国废弃电子产品循环经济潜力报告［R/OL］.（2019－03－21）. https：//www. greenpeace. org. cn/2019/03/21/the－potentiality－of－the－circular－economy－of－waste－electronic－products－in－china－report/.

［17］王方，余乐安，查锐. 季节性数据特征驱动的电子废弃物回收规模分解集成预测建模研究［J］. 中国管理科学，2022，30（3）：199－210.

　　[18] 李惠，曾波，周文浩．基于灰色参数组合优化新模型的生活垃圾清运量预测研究［J］．中国管理科学，2022，30（4）：96－107.

　　[19] 鲁渤，杨显飞，汪寿阳．基于情境变动的港口吞吐量预测模型［J］．管理评论，2018，30（1）：195－201.

　　[20] 罗党，韦保磊．一类离散灰色预测模型的统一处理方法及应用［J］．系统工程理论与实践，2019，039（2）：451－462.

　　[21] 肖进，文章，刘博，等．基于选择性深度集成的集装箱吞吐量混合预测模型研究［J］．系统工程理论与实践，2022，42（4）：1107－1128.

　　[22] 李晔，丁圆苹．基于驱动因素控制的线性时变参数 DLDGM（1，N）模型［J］．中国管理科学，2022，30（3）：221－229.

　　[23] 楼润平，李贝，齐晓梅．中国互联网企业的成长路径、公司战略及管理策略研究［J］．管理评论，2021（1）：229－241.

　　[24] 李勇，李云鹏．考虑节假日影响效应的景区客流量预测研究——基于 Prophet－NNAR 的混合预测方法［J/OL］．系统科学与数学，2022：1－14［2022－04－21］，中国知网．

　　[25] 中共海南省委宣传部编印．习近平"在庆祝海南建省办经济特区 30 周年大会上的讲话"．学习资料，1－23.

　　[26] TSUI W H K, OZER B H, GILBEY A, et al. Forecasting of Hong Kong Airport's Passenger Throughput ［J］. Tourism Management, 2014, 42: 62－76.

　　[27] CHEN J L, LI G, WU D C, et al. Forecasting Seasonal Tourism Demand Using a Multiseries Structural Time Series Method ［J］. Journal of Travel Research, 2019, 58 (1): 92－103.

　　[28] XU S, CHAN H K, ZHANG T. Forecasting the Demand of the

Aviation Industry Using Hybrid Time Series SARIMA – SVR Approach ［J］.
Transportation Research Part E：Logistics and Transportation Review，2019，
122：169 – 180.

［29］ LI X，LAW R. Forecasting Tourism Demand with Decomposed
Search Cycles ［J］. Journal of Travel Research，2019：1 – 17.

［30］ SUN S L，WEI Y J，TSUI K L，et al. Forecasting Tourist Arri-
vals with Machine Learning and Internet Search Index ［J］. Tourism Manage-
ment，2019（70）：1 – 10.

［31］ SONG H，QIU R，PARK J. A Review of Research on Tourism
Demand Forecasting ［J］. Annals of Tourism Research，2019，75（3）：
338 – 362.

［32］ AWASTHI A K，LI J，KOH L，et al. Circular Economy and
Electronic Waste ［J］. Nature Electronics，2019，2（3）：86 – 89.

致　谢

本书是我十多年来在预测领域研究及实践之总结。该书最终能够与广大读者见面，首先我要感谢我的母亲和妻子！她们分担了许多家务工作，使我能够腾出时间写作。我要感谢我的博士生导师薛声家教授！攻读博士学位以及博士毕业参加工作期间，薛老师给予了我许多帮助和指导！

其次，我要感谢王棣楠同学！她选择我当毕业论文指导老师，并于2020年6月顺利从海南大学毕业。2020年3月她参加了小米集团的管培生面试，向我请教了小米手机销量预测的案例，促使我进一步研究时间序列预测模型和方法。我要感谢硕士生麦诗诗和王涛！他们收集了本书诸多案例的时间序列数据，丰富了三体模型和三体预测法的应用场景。

最后，我要感谢这个时代！我有幸出生及成长在中国改革开放的年代，有幸见证了中国经济的快速增长，有幸见证了国家逐步走向富强文明。躬逢其盛！我有幸接受了本科、硕士和博士学位教育，有幸曾经在制造业国企和私企工作并积累实践经验，有幸成为高等院校的教育工作者并通过本书向读者分享预测领域的知识。

我衷心希望本书介绍的三体模型、三体预测法及大约 30 个实例演示，能帮助读者学会使用三体模型及三体预测法做出具有优秀预测性能的预测模型，从而解决现实问题。

海南大学教授、研究生导师

2022 年 7 月 1 日